管樂界巡禮

許雙亮 著

文史哲學集成

文史哲出版社印行

國家圖書館出版品預行編目資料

管樂界巡禮 / 許雙亮著. -- 初版 -- 臺北市：
文史哲，民 99. 02
　頁: 公分. -- （文史哲學集成；578）
ISBN 978-957-549-887-0 (平裝)

1. 管樂 2. 管樂隊 3. 音樂家 4. 文集

918.07　　　　　　　　　　　　99002912

文史哲學集成 578

管 樂 界 巡 禮

著　　者：許　　　雙　　　亮
出 版 者：文　史　哲　出　版　社
　　　　　http://www.lapen.com.tw
　　　　　e-mail：lapen@ms74.hinet.net
登記證字號：行政院新聞局版臺業字五三三七號
發 行 人：彭　　　正　　　雄
發 行 所：文　史　哲　出　版　社
印 刷 者：文　史　哲　出　版　社
　　　　　臺北市羅斯福路一段七十二巷四號
　　　　　郵政劃撥帳號：一六一八○一七五
　　　　　電話886-2-23511028・傳真886-2-23965656

實價新臺幣二二○元

中華民國九十九年（2010）二月初版

序

　　近年來，國內管樂團有非常蓬勃的發展，樂團數量已經可以以千計，從國小到社會的樂團，參與的人數更數倍於往昔，而樂團程度的提升與演奏曲目之多樣，也是以往難以想像的。然而與交響樂團、合唱團相較，可供管樂愛好者參考的資料仍然偏少。

　　作者從事管樂演奏與教學二十餘年，就多年來累積的經驗與歷來蒐羅的資料整理成文字，內容包括：樂團、作曲家、管樂名曲與教學心得，其中有些是曾在《音樂時代》、《樂覽》等音樂期刊上發表過的，或是在臺北愛樂電台主持「管，它是什麼聲音」節目的講綱、受邀作管樂專題演講的演講稿、研習會授課內容等，在此集結成冊，希望與愛好管樂的朋友們分享。

　　承蒙「音樂時代」楊忠衡先生慷慨應允，得以將《音樂時代》之〈管樂界〉專欄文章轉載於此，使無遺珠之憾，特此致謝。

管樂界巡禮

目　　次

管樂團教本的比較

　　每個學習樂器的人都用過不少教本，從鋼琴的拜爾、徹爾尼到小號的安邦教本，都是由淺入深訓練各種樂器的演奏技巧，從指法、弦樂運弓、節奏、音階、音域等，藉著各種機械性的練習把一個初學者帶向演奏家之路。這些大家所熟知的情形都是比較個人的，以團體來說，使用教本或進一步說正確的使用教本觀念並未普遍地被建立。

　　長久以來，管樂團、節奏樂隊或國樂團如出一轍，都是「以曲養技」，也就是只藉著演奏或演唱的樂曲來作技巧或音樂上的要求，因此在合奏方面有許多問題無法突破，我們和國外團體相較的落差，歸根究底在沒有確實的運用合奏教本，恐怕是主要的原因之一。樂曲往往過於複雜，不適於作音樂基礎訓練，或作進步訓練之用；而且旋律樂器（如高音樂器長笛、豎笛），和背景樂器（如中低音樂器長號、低音豎笛）的技巧難易度差距甚大，無法均衡地對各項樂器施予相近的基礎訓練。猶記中學時代參加樂隊，大家共同的練習就是吹長音、點音再加上很有限的音階練習，然後吹奏老師在黑板用簡譜寫的齊奏旋律（莫見笑，這種情形在台灣還沒完全絕跡呢！）。

　　大約二十年前，新一波的「管樂運動」在台灣發軔，有

計畫的從國小組訓管樂團，完善的編制和以樂器分工的各部指導，把臺灣的管樂帶入新的紀元，同時在中華民國管樂協會及出版商熱心的推動下，引進美式的樂隊合奏教材，從此才建立了樂隊使用合奏教本的觀念，這些改變無疑的是管樂得以向上提升的重要關鍵。管樂團不只是許多學生學習音樂的開端，也已成爲音樂教育中重要的一環，在部分學校甚至取代了學生原有的音樂課，它所肩負的教育功能與責任不言可喻。

　　就合奏教本的本身而論，如何從五花八門的教本中作選擇，是身爲管樂團教師們重要的課題，本文擬以筆者實際指導中小學管樂團的經驗，與多年來蒐羅的資料中，就目前較易購得、流通大的幾種初級教本作一比較，供大家參考。

■《BEST IN CLASS》

編著者：Bruce Pearson

出版社：NEIL A. KJOS COMPANY

內容：

　　這個教本的內容設計是用來解決管樂團的合奏問題，同時也希望兼顧個別樂器的問題。長笛最容易開始學習的音，不見得與小號一樣，在這一點上，每個樂器都各不相同。當一個樂團裡有各式各樣龐雜的樂器時，在教學上勢必要作些妥協。爲了讓大部分樂器都從可接受的音開始學習，有的樂器要作某些讓步，如法國號在難吹的音域、長笛指法太難、小號的音域對某些學生而言太高等問題的考量。

　　對於以上問題，可以使用《Best in Class》教本單元後的附加頁來解決類似的問題，這種附加頁是從頭到尾都有的，而且也使用了適合各項樂器的音域，實際上此教本是二合一

的教本。例如法國號在附加頁上就移調到較合適的調上；對於每個樂器開始的音，可以選擇個人吹起來最舒服的音，兩個選擇分列於左右兩頁，例如小號左頁是從 G 音開始，右頁從 C 音開始。

與其他教本相較起來，這個教本的進度較快，而且包含的內容也較多。他的最後幾頁相當於其他教本的第二冊開頭或是中間，此外它的內容編排也十分緊湊，甚至有點擁擠，八分音符在本書進度不到一半時就出現了。豎笛內容的進度與其他教本比較起來，很快就吹到高音域，雖然有一些練習來配合，但這些練習也不簡單。

不過這個教本對於解決樂隊的問題很有幫助，特別適合大一點年紀才開始學習吹的學生，還有每週合奏課不止一節的中小學生，否則它稍快的進度，可能難以應付。

編排：

它的封面是黑底加上各種樂器集合式的彩色照片，算是蠻吸引人的。內頁加以紅、藍、黃、灰、黑五色印刷，將各類練習及注意事項分色印刷可增加練習效率。

新的內容用紅色框在明顯處標明出來，如新的節奏、升降記號、拍號等；藍色八分音符的記號代表新的音高介紹；灰色鉛筆記號代表樂理練習等。此教本的缺點是，版面編排上有些雜亂，而且樂譜較小，在一頁中往往放入太多材料，較大的學生可能會喜歡它的多元性，較小的學生可能會覺得有壓力。

　　■《YAMAHA BAND STUDENT》(附有伴奏 CD 及卡帶)
編著者：Sandy Feldstein/John O'Reilly

出版社：Alfred

內容：

各樂器都有指法表，最後還附有學生的「結業證書」。書中前段的曲子多半沒有標題，也少有號碼，熟悉的曲調有曲名，全書中有好幾首全團的合奏曲，此教本中擷取不少大家熟知的樂曲。

《Yamaha Band Student》教材進度很快，很早就出現了八分音符，附點四分音符在大概一半時出現。對於樂器音域的考量方面，它對於豎笛跨音域的處理，可說是比各家教本來得早。法國號和雙簧管在開始幾頁有替代頁以適應該樂器的音域，打擊組和鍵盤打擊樂器（如鐵琴、木琴）分別歸類在不同教本上。

本書的另一特色是它的教師手冊，其中包含總譜、各樂器指法、樂曲解說，還有每單元的教學重點與教學計畫，可以說是現成的教案，對老師非常有幫助。

編排：

本書的封面也是個別樂器的彩色照片，內頁標題用藍色印刷，樂譜用黑色印刷，大小適中清晰，新的內容在上方淺藍色框中特別介紹，甚至遇到新的音還有指法圖示。

進度編排順序是以單元為主，每單元的練習和曲子都重新編號，每隔幾單元就有演奏曲，可做為表演曲目，十分實用。此教本在視覺不擁擠的編排下，提供了各式各樣的必備練習和多元的音樂內容，就各方面而言都屬好的教本。

■《STANDARD OF EXCELLENCE》

編著者：Bruce Pearson

出版：NEIL A.KJOS/MUSIC COMPANY

內容：

此教本是《Best in Class》教本的作者 Pearson 所作的第二代教本，除了附有 CD 以外，在內容上也比前者豐富了許多。本教本的前幾頁是彩色印刷的樂器組裝與演奏姿勢圖，並用圖示說明各種樂器基本的吹奏嘴形。本教本有一特色，每樣樂器不是在同樣的音開始，例如小號這項樂器，對有些學生而言吹 G 音較容易，有些學生覺得吹 C 音較容易，所以在教本中將此選擇分成兩頁呈現。在進度安排上，此教本的進度不算快，以節奏為例，在第十三頁開始才出現了八分音符，一直到第一冊結束，除了附點四分音符外都沒在出現其他的新節奏。不過，在樂理及演奏知識方面其安排是非常豐富的，各種力度、圓滑奏、重音、升降記號、常用術語都融入其中。在曲調難易設計方面，每頁除了一、二首取自已有的音樂曲調外，幾乎都是編者的創作曲。每兩頁會有一首練習曲是針對各項樂器所設計的，有助於解決不同樂器的技巧問題。最後並附有音階及節奏的練習，對於演奏者基本技巧的訓練這是不錯的設計。另外，拜現代科技之賜，每冊均附有 CD，讓學生回家練習時有伴奏，不會覺得個別練習過於枯燥乏味。不過有的伴奏往往太熱鬧而且多為相同風格，有些甚至過於喧賓奪主，反而容易讓人分心。

編排：

內頁的排版大小適中，易於閱讀，新的樂理知識、表情記號、節奏會用醒目的棕黃色框標在頁首，個別樂器專用練習則在頁尾用粉綠色標示，非常實用。另外值得一提的是它

那厚達六百六十頁的的總譜兼教師手冊，從如何指導初學者各種樂器指法表、介紹作曲家與作曲家背景以及如何組織樂團甚至如何編列樂團預算、安排音樂會都有介紹，都是非常實用的參考資料。

■《21ST CENTURY BAND METHOD》

內容：

這是一套堪稱最先進的教材，也有幾個別人沒有的特色，因爲它結合了教學錄影帶和電腦軟體 Vivace 伴奏系統，單就教材本身而言，它最大的特色是音樂內容的多樣性，很能引起教與學兩者的興趣。

這教材中並未包含樂器的介紹、組裝、保養等常識的介紹，而是以更鮮活的影像呈現在錄影帶中，每樣樂器都有個別錄影帶，含指揮計有十二卷，不過在書中仍有附上指法表與術語解說。

選曲是本書的一大特色，強調多演奏歌曲，不止有其他教本常見的古典名曲主題或以美國爲主的民謠旋律，還有大量的世界各國音樂，在總譜中並附有解說和世界地圖。此外也有別的教本少有的電影、電視、音樂劇主題曲或配樂穿插其中。這樣的選曲可以給學生學習多元的音樂文化，作爲日後演奏各種不同文化背景、不同風格音樂的基礎。在進度規劃上，以節奏爲例，此教本在第五課時就出現八分音符，算是節奏知識進度較快的教本，不過十六音符與其他教本相同都是出現在第二冊中。在音域安排也都有精心的設計，讓學生可以輕易的應付不同音域的吹奏，如豎笛則安排到第十三課才上到高音區。此外，這套教本也很注意整體的合奏表演，

每隔四課就會有可供表演的合奏曲，在最後還聘請知名作曲家 Robert Wasburn 和 Robert W. Smith 為教本作曲，由此可看出編者的用心。在輔助工具方面，此教本並不滿足於伴奏的 CD，而是應用更先進的電腦系統 vivace，它可以任意變換練習速度，選擇示範演奏或純伴奏，甚至還可以糾正演奏者的音準。教師手冊猶如教案，是依照美國的教學課程標準設計的教學活動，對每一課程的實施都有詳盡的規劃與引導。

編排：

此教本中的樂譜都是黑色印刷，標題用藍色呈現，在第二冊改為紅色。新的材料、樂理知識則用藍色框說明，整體排版大小適中，易於閱讀。總譜和教師手冊分開為兩本，在使用上較為方便。

■《ACCENT ON ACHIEVEMENT》

編著者：Sandy Feldstein/ John O'Reilly

出版：Alfred Music

內容：

這是 YAMAHA BAND STUDENT 的編著者與同一出版社推出的新一代教本，在內容上更趨於多元化。音樂的選擇方面，加入不少現有的曲子，如古典音樂、名曲主題、世界民謠等。不過還是以美國曲子為大宗，並未採用電影或是電視劇的配樂等通俗音樂。

在技巧方面，豎笛在第二十二頁才進入高音區，算是比較保守的安排；不過在節奏上的設計，也在此頁導入 6/8 拍子，以這樣的節奏進度相較於其他教本是比較超前的。雙簧管與法國號都有特別的加頁，以適應樂器的音域。另外每隔

幾頁都會統整一些各項樂器特有的技巧問題，並歸在教本後面做特別練習，如 Accent on Clarinet.

編排：

整體而言，色彩運用十分活潑，每課新的音用黃框表示，新的調號、拍號用綠框，新節奏用藍框，新的術語則用紫或紅框標示，頗能吸引人，也有助於教學上的便利。　另外，除了每本書附贈 CD 一片可作為示範與伴奏用（每首練習曲都收錄在內），它也發展了適用於電腦上的軟體系統 Accent on Interactivity，可任意變換速度，甚至錄下自己與電腦合奏的聲音，十分先進。

■《3D BAND BOOK, A Three Dimensional Approach To A Better Band》

編著者：James d.Polyhar／George B. Zepp

出版：Belwin Mills

內容：

嚴格而言，3D BAND BOOK 不能稱為教本，倒是該稱為樂團的「練習曲」，因為它並不是由淺入深的技巧訓練，而是針對樂團合奏的要求，設計出多樣的練習，所以不適合作為初學者的教本，最好在練過前述的教本第一冊之後再開始使用，才會有好的效果。

3D 就是三度空間之意,本書採此意將樂團合奏訓練分為三個面向來做訓練，尤其是用在樂團每次練習前的暖身訓練課程中。這三部分規劃如下：

1. 調音與暖身 在每次樂團團練之初，透過吹長音和各種調的終止式和聲，進行樂團的調音。而在本書中，銅管樂

器與木管樂器各有不同的暖身練習動作，讓吹奏者做好準備。

2. 音階預備　這可說是本書中最實用的部分，從管樂團最習慣用的 bB 調音階開始逐次按難度漸進到 A 大調，左頁為大調，右頁為關係小調，每一頁以二分音符音階開始，再透過各種不同的練習到對此調的熟悉度。最後以一首該調的教堂聖詠作為結束。

3. 節奏預備　這個部分雖然只有八頁，但是幾乎包含了所有音樂中會遇到的節奏，從簡單的八分音符到各種變態、混合拍子，可選擇作為該次練習有類似節奏樂曲的預備練習。

編排：

這是屬於二十年前的樂譜，在編排上一如傳統的樂譜，並沒有什麼特色，版面的設計與樂譜的安排尚稱良好。

作者的建議

目前在台灣所流通的管樂教本，全是美式教材，因為美國學校在小學三、四年級就將樂隊合奏列為正式課程，因此教本完全是依照這樣的學程設計的，它不只包含樂器技巧的進程，還有音樂知識的傳授，如樂理、術語甚至音樂歷史和故事。不過在國內的情形可能會有些出入，因為有些樂團可能在國中，甚至高中才開始使用樂隊的教本。

就一個初級的樂隊來說，選擇正確的教本無疑是極為重要的事，而指導老師如有好的教本相助將可得心應手，提高效率、加快學生學習與進步的速度。因此個人建議如能事先對於合奏教本詳作比較選擇，不僅可節省大量的金錢，也可節省寶貴的練習時間。

管樂團如何調音

在職業交響樂團的音樂會上，往往會看到樂團首席向首席雙簧管點頭致意，接著雙簧管起一個 La 音（A=440 或 A=442，每秒振動頻率為 440 或 442），聽見這個「標準音」之後，其他團員按照木管、銅管、絃樂的順序依次調音。這似乎是交響樂行之有年的傳統，以我觀察管樂團的經驗，多數管樂團也像交響樂團一樣，如法炮製，讓人很質疑它的效果。

首先，來看看有關「A 音主導地位」的爭議，事實上早在國際間制定標準音之前，莫札特時代（十八世紀下半葉）樂團就要調音，那時 A 約為 438，但為什麼是 A 而不是 C 或其他的呢？原因是當時樂團的主體 —— 絃樂器的共同音正是 A（小提琴 GDAE，中提琴、大提琴 CGDA，低音提琴 EADG），用這個大家共有的空弦音當作標準，似乎更恰當不過了。

至於用雙簧管來吹 A 音，從歷史上看來，是因為它比較早在樂團中佔有一席之地，但為什麼不是長笛或豎笛呢？關於這一點，是因為雙簧管的簧片是接在細鋼管上，再將裹上軟木的吹口插在樂器上端的凹槽中，不能塞太緊，太鬆又會掉下來，因此它的調整度相當有限。所以，以雙簧管為標準，多半是「遷就」它的做法。

在管樂團裡，調音一定要吹 A 音嗎？事實上 A 音對管樂器來說，不像弦樂那麼有「感情」，管樂團中四種調 —— Bb、Eb、C、F 的樂器，其中除了最後一種 F 調以外，其他的連自然泛音中都找不到 A 音，管樂器多為降記號調性為多，而絃樂器偏好升調，以管樂器的比例來看 Bb 調最多，其次是 C 調、Eb 調、F 調，其中 C 調有三類：長笛、雙簧管和低音管；Eb 調是中音和上低音薩克斯風，皆為木管樂器，以 Bb 音調音與 A 音調音相較只差一個按鍵，以今日樂器校正技術，實在沒什麼差別，而 Eb 調樂器調演奏 Bb 音的指法還更保險，有些樂團先調 Bb 再調一次 A（為了 C 調樂器）實為畫蛇添足。

其實，在科技進步的今日，用電子調音器或會發出標準音的器具（如音叉）來校準，不失為很好的方法。如果沒有雙簧管，用豎笛或小號來吹標準音也可以，有些老師用電子鍵盤樂器調音也很好。

在每一聲部間的調音時，如：兩支小號同吹 Bb 音（不按鍵），若兩者音高有些差距，則會產生嗡嗡作響的拍音（Beating），如果音高相差太多，則會產生快速的拍音（嗡嗡嗡…），反之，當音高很相近時，則會產生徐緩的拍音（嗡～～嗡～～），當音高一致時，拍音便會消失，調音時應仔細聆聽，這一點用長號滑管來實驗更容易瞭解。

一般的管樂器為適應不同氣候的地區使用，通常不會以管身或調音管完全塞入時為準，如果全部塞入還太低的話，就要在樂器上做調整（較麻煩），如：長笛要調吹口管頭部的螺帽（先向外旋出一定長度，不使螺帽與螺絲分離，將軟木

推入，再旋至音準準確之位置），豎笛則要更換較短的調音管，銅管由於伸縮度較大，比較少這類的問題。但銅管至少也有三個按鍵要調整，大部分學生的樂器，這三個按鍵的管子都不曾拉出來，實際上應以調音器校準各個按鍵及組合鍵的音準，當然 2+3 或 1+3 時會偏高許多，但是至少可有些幫助。長號如果帶有 F 鍵，按下 F 鍵吹第二間的 C，用調音器校準，之後就可只動主調音管就好。常見學生用第一把位吹F，再按下 F 鍵來吹 F 音校對音準，這並不正確，因爲我們從來不會用按 F 鍵來吹 F 這個音，因泛音序列的關係，這樣調音的結果，反而使最常用的第一把位 C 音偏高。至於薩克斯風一族，其圓錐形的喉管，往往會使吹奏者不經意的愈塞愈進去，若吹奏者沒有良好的調音習慣，久而久之音準就偏高了（如果硬拉出來的話吹嘴就掉了）。可先用調音器調準後，在軟木皮上用原子筆做記號，哪怕是沒有每次調音，只要對準記號，音準也不至於相差太多。

調音的工作，最好在每個吹奏者都已熱嘴完成後再進行，此時管樂器的音準狀況較穩定，所以樂隊練習開始時，不妨先吹長音、音階或其他練習，約十分鐘後再正式調音。調音時不宜吹太大聲或太小聲，應以 *mf* 的音量自然的吹奏。全部樂隊成員對完 Bb 音後，可漸次吹 *f*，同時聽四度音程；或吹 Eb 和 Bb，聽五度音程，如弦樂調音一般，但不宜吹三度音，因大小三度的音準較有爭議，不宜用作調音。此階段調音完成後可接著吹奏 3D 教本的和聲練習。

唯有用心的調音，才算是踏出了樂隊好音準的第一步。

管樂隊的新展望 —— 也談編制

　　台灣的管樂隊經過了將近四十年的發展，到今日將邁入新的里程。在國民平均所得超過一萬美元的今天，管樂隊的發展能否超英趕美，或追上鄰國日本，或多或少也可作為衡量我國文化環境和教育成果的一項指標；換句話說，這也是躋身音樂教育已開發國家之林不可或缺的因素，這項課題值得所有關心國內管樂隊發展的人士費心和深思。

　　如果我們先簡略地回顧一下台灣管樂隊發展的歷史，就不難看出立足於此時此地的我們，要努力的方向。1951 到 1971 年代的管樂界，是以大陸播遷來台的幾位前輩和政工幹校（現在的政戰學校）軍樂訓練班出身的演奏者，以及國防部示範樂隊為主幹，國內很多機關學校的樂隊，都是在那個時代，由他們草創，彼時的樂隊以擔升降旗、集會和節慶遊行、運動會的音樂吹奏，除了極少數的例外，大體上是以「戶外樂隊」為主的時期。

　　1976 年，為慶祝美國建國 200 周年，受美國民間團體邀請參加慶祝活動，由教育部和救國團籌組「自強管樂隊」，成員以師範大學、國立藝專和文化學院三校學生佔多數，在陳澄雄先生的領導下，赴美國作為期 50 天的巡迴演出，得到極高的評價，第一次的出洋，不僅肯定了我國剛起步的學院管

樂教育，也鼓勵青年學生更加的投入，現在國內三大職業交響樂團的管樂聲部中堅份子，多爲當時的團員。自強管樂隊對台灣管樂發展所產生的影響有如文化知識界的「五四運動」一般，它使更多的音樂科系學生參與管樂隊的活動，並促成「幼獅管樂團」的誕生，從而蔓延到中學，開啓了把戶外樂隊搬到室內的新時代。從此樂隊以室內演奏（Concert Band）型態活動和擔任勤務吹奏等量齊觀，每年音樂比賽，幾所著名高中的樂隊較勁，一直是人們注意的焦點。

而最近十年來，在國中、高中的成果延續到大學，除了歷史較久的師範大學、台灣大學這兩支難分軒輊的樂隊之外，陸續也有不少大學成立管樂社團。至於小學的樂隊發展則是近幾年的事，在 90 年代的管樂隊，可以說已經向下紮根，向上結果了。

另一方面，大專院校音樂科系的畢業生，由於職業演奏市場日趨飽和，樂團和學校都一席難求，他們把更多的注意力投注在管樂隊上，在這些人當中，各種樂器的專長都有，以他們受過的專業訓練，擔任樂隊的指揮或是分部老師，自然和以前那種「一人包辦」的教法，不可同日而語。這種分工式的樂隊經營方式，事實上已經接近美、日的理想，就這一點來說，的確是管樂隊的「產業升級」。

至於前面所提到的轉型，大家不難看出，以目前國內的環境條件，我們有必要把樂隊的發展，提昇到更高的層次，以達到更高的藝術成就。當然，這是一個大題目，千緯萬端，不是短短的篇幅所能道盡，有些太高層面的問題，也不是人微言輕的筆者可以觸及的。只想就較爲實際的方向作一番建

言。在這些年中有機會接觸國內許多樂隊，也指導過從小學到大學等各級學校樂隊，有兩點是我們比較要注意的：一是樂隊編制不完善，二是演奏曲目的問題，後者將留待下期來探討，在此先就編制方面，提出筆者的淺見。

基本上，如果不談軍中的樂隊，管樂隊是一種平民階級的產物，在 19 世紀真正的管樂隊出現之始，它多半作為娛樂之用，在公園等露天場合，為民眾演奏輕鬆的音樂，所以它是一種以實用為目的組合。這和管絃樂團的情況太不相同，後者源於歐洲的王公貴族之家，很早就有作曲家專門為它作曲，是他們表現藝術理想的重要工具。從編制來說，以絃樂四部合奏群為基礎，加上獨奏的管樂聲部，此一基本架構，從海頓時代三十來人的小樂團，到史特拉汶斯基百人以上龐大樂團，都未曾改變，因此兩百多年來，管絃樂團一直很穩定的成長和發展。

在管樂隊這一邊的情況則大異其趣，經過了好多好多年還是維持在「合奏團體」的概念，它的編制因時、因地，甚至因主事者不同而相異，緣此之故，從十九世紀到二十世紀中葉，作曲家所寫的管樂曲，在編制上可說是五花八門，莫衷一是。一直到本世紀 50 年代才由芬奈爾（Fredrick Fennell）提倡管樂合奏團（Wind Ensemble），除了豎笛和低音號之外，每一樂器的每一聲部只由一位演奏者擔任，就像管絃樂團中的管樂聲部一樣，包含薩克斯風四部、合計人數約在 40～45 人之間，但是這種每個人要獨當一面的組成方式，比較適合大學以上程度的樂隊，對於一般的學校樂隊學生來說，不論在技巧或耐力上都難以負荷。所以我們還是把重點放在 50～

60 人的樂隊，這是一般中學較常見的規模，60 人則是台灣區音樂比賽所定的上限。

國內的管樂隊，由於還未完全脫離「戶外樂隊」的框框，因此普遍有兩個尚可改善的編制缺陷：

其一、頭重腳輕－高音太盛而低音不足，這和學生選擇樂器的意願有關，如低音號往往需要數人擔任，才可提供整個樂隊的堅實低音。另外，大家最忽略的是木管的低音部，如低音豎笛、低音管、上低音薩克斯風（Baritone Sax.）這些樂器除了在音色上為樂隊加上圓潤的低音之外，筆者認為管樂隊合奏中，和聲的溫潤、甜美，非有它們不可，也可解決下中、低音都技巧性的問題，在這個音區裡，低音銅管相對之下，往往顯得遲鈍。這些樂器以往較為昂貴，又不容易找到指導者，現在則有膠管製品，找人教也非難事。那麼以後發樂譜時，就不會剩下一疊沒人吹，但是卻十分重要的樂譜，千萬不要以為它們的樂譜和低音銅管大同小異而忽略它。

另一個問題是：金剋木，這不是講五行生剋，而是樂隊中銅管、木管的比例不好，銅管先天音量就佔優勢，木管如在人數上無法取勝，必成為「弱勢族群」，但它們往往又擔任最重要的旋律部分，常常有「無力感」。我十幾歲時第一次聽到外國樂隊演奏的唱片，覺得那不是我心中的樂隊音色，後來才知道因為我們已習慣那種木管少、銅管多的音響，不信各位去買張 CD 聽聽，兩相對照，一定會有同感。至於現在很熱門的薩克斯風，雖歸類為木管族，但是由於材質和構造特性，如果疏於控制，也容易走樣，變成太具金屬性的音色，要特別注意。

　　到這裡已經談了幾點關於編制上的意見，如同「望聞問切」之後，要下藥方，筆者不敢自比爲國醫聖手，這一帖也是參考美國和日本管樂協會，對音樂會樂隊（Concert Band）建立的編制（羅馬數字代表聲部數，如無則表示不分部，阿拉伯數字代表樂器總人數）。

　　短笛 I，長笛 II　4-6，雙簧管 II 2，E b 調高音豎笛 1，Bb 調豎笛 III　10-12，低音豎笛 2，低音管 II　2-4，中音薩克斯風 II　2-4，次中音沙薩克斯風 1-2，上低音薩克斯風 1，小號 III　5-6，法國號 IV　4-6，長號 III　3-6，上低音號 2-3，低音號 5，打擊樂 6 人。

　　以上處方中各味，可按實際情形酌予增減，有益體質，無礙健康，此種編制一定會有最好的聲部平衡感，求得真正管樂隊的音色，這也是美、日等國徵曲時給作曲家的標準編制。

管樂隊該演奏什麼音樂？

　　對於一場管弦樂團或鋼琴音樂會，我們從來不會懷疑，甚至不曾多想，在音樂會中可能出現什麼令人驚奇的內容，因為長久以來，這種「正統」的音樂會，總是有演出的成規，沿襲已久。就拿管弦樂團來說吧，一首序曲加協奏曲組成上半場；下半場大多為一首交響曲或組曲，這就是古典音樂會的「標準配備」，而指揮和獨奏家往往成為必要的賣點。在曲目方面，西方偉大音樂家們所留下來的龐大遺產，可謂取之不盡用之不竭，不過常在音樂會節目單出現的曲目，多為古典、浪漫到二十世紀前期的作品。因此，任何一個管弦樂團的指揮，在安排音樂會的節目時，從來不會為了該演奏什麼而煩惱，光是前面所說的大約一百五十年的歷史中，就提供了很大的選擇，所以有人說，音樂是各類藝術中最奇特的，因為我們所演奏、所聽的大部分都是一百年前甚至更久的作品，和其他如造形藝術或電影大相逕庭，大概是因為音樂遺留有空間讓演奏去詮釋完成的緣故吧，不像繪畫等造形藝術是一個人完成創作的，不過這是題外話，不多贅言。

　　和管弦樂團比起來，管樂隊就有很大的不同，首先在它們的角色定位和發展歷史來看，前者於十八世紀成型，雖然在莫札特時代只有二、三十件樂器組成，但是往後一直按部

就班、有系統的擴張規模，以至於到了馬勒或史特拉汶斯基手裡已超過一百二十人，在這期間有無數的作曲家爲這個穩定發展的團體寫作樂曲；而管樂隊由於不似前者早有貴族供養，後來又朝向職業化發展，它是在十九世紀的中產階級中萌芽的，向來都是附屬在軍隊裡，或是業餘的「民間團體」，只作爲茶餘飯後或周末公園裡的消遣節目，所以也沒有真正標準的編制，相對於管弦樂團，它只是「非主流」的音樂組織，自然不會獲得大作曲家們的青睞，在整個十九世紀諸多大師中只有白遼士的《葬禮與凱旋交響曲》和孟德爾頌的一首爲管樂隊寫的《序曲》較有份量，布拉姆斯的《大學慶典序曲》原來構想是以管樂隊來表現，但是因爲對諸多複雜的管樂器沒有把握而作罷，殊爲可惜[1]。

　　緣是之故，在管弦樂團最飛黃騰達的十九世紀，它的同父異母兄弟 —— 管樂隊只有一些有點名又不會太有名的作曲家的應景之作，要不然就吹一些借自兄弟 —— 管弦樂的改編曲，在那個還沒有收音機的時代，管樂隊的確提供了平民百姓娛樂，甚至教育的功能，在許多歐洲歌劇還沒登陸美洲之前，已經有成千上萬的人聽過管樂隊演奏比才、華格納的歌劇名曲。

　　當時管樂隊的原創音樂尚如鳳毛麟角，演奏管弦樂改編曲是很自然的事，包括最著名的跨世紀蘇沙樂隊在內，除了他自己寫的進行曲之外，總免不了奏些《輕騎兵序曲》、《風流寡婦》之類的音樂。到了二十世紀初，英國作曲家霍爾斯

---

1 十九世紀德國軍樂隊使用的樂器遠比今日複雜。

特和弗漢威廉士才真正地、嚴肅地為管樂隊寫作音樂。而
1950年代美國伊斯曼管樂團成立，創辦人芬奈爾（Frederick
Fennell）大力鼓吹，並請多位名作曲家為它寫曲，許多作曲
家也注意到這個存在已久，再整頓後賦于新機的音樂媒介，
所以在1950, 60年代出現前所未有的管樂熱，有如戰後的嬰
兒潮，自此，管樂隊才慢慢擺脫只會吹奏軍樂進行曲或是有
如管弦樂團替身的形象。

　　另外，由於二十世紀爵士及流行音樂的盛行，與流行樂
隊同為以管樂器為主的管樂隊，也吸收了不少養分，這方面
倒是比管弦樂團處於更近水的樓台，較少的歷史包袱，也使
管樂隊能肆無忌憚的演奏這類商量性的音樂，有時候倒也挺
適合於它的「草根」性格。

　　時至今日的管樂隊，演奏的音樂大概可分為三大類：原
創管樂曲（含進行曲、軍樂）、古典管弦樂改編曲和通俗流行
音樂。在此就我個人對管樂隊音樂會上最常安排的這三類樂
曲提出幾點看法：

　　一、原創管樂曲：這些作品絕大多數為二十世紀所寫，
其中大部分還集中在下半葉，雖然少有能和貝多芬等大師相
提並論的大作，但也不乏具有很高藝術價值的作品，如葛人
傑（P. Grainger）、柯普蘭（A. Copland）、佩西凱第
（Persichetti）、班乃特（R. Bennet）、顧爾德（M. Gould）、
朗森（S. Lansen）、顧朵夫斯基（I. Gotovsky）、呂德（A. Reed）
和傑格（R. Jager）等人都有具代表性的作品，他們在現代管
樂隊（或近年稱的管樂團）的發展上都有一定的貢獻。唯有
不斷的為管樂隊寫曲，並經常演奏，才能使管樂隊累積可觀

的曲目資產，經得起歲月考驗的，終能留傳久遠。世界各國的管樂團都渴望有好的樂曲演奏，也期望本國的作曲家們創作管樂曲，除了藉慶典之類的活動徵曲之外，如日本每年管樂隊比賽，五首指定曲全為徵曲的優勝作品，年年如此，多年之後一定會有沈底好酒。由於原創管樂曲不像管弦樂作品那樣，有很多有系統的資訊，而且在唱片市場上也不是主流，因此要格外費心搜尋。

　　二、古典管弦樂改編曲：這裡是泛指所謂一般定義的古典音樂，如前面所說的，管弦樂龐大的曲目中，有數不盡的優秀作品，常被改編成管樂隊演奏，藉著這些不朽的名作，從中學習更深刻內涵的音樂。有些人令認為這豈不是東施效顰，但也不盡然，俄國作曲家蕭斯塔高維契訪問美國時，聽到加州大學管樂隊演奏他的《第九交響曲》，顯得很興奮，並認為不比管弦樂版遜色；1960 年代義大利鋼琴家波江契諾（Bogiamchino），聽過紐約的 kiltie 樂隊演奏《展覽會之畫》之後，決定以後不再用鋼琴彈它，因為鋼琴無法比擬管樂隊奏〈基輔大門〉的氣勢[2]。

　　另一方面，管弦樂曲多半較富技巧性和複雜性，有些人所作的改編目的是想把管樂隊的技巧和表現的可能性發揮到極限，如法國的共和衛隊管樂團（Ordestre de la Garde Republicaine）就是個中翹楚，不過現在管樂團演奏的改編曲目，可不是二十年前的《阿依達進行曲》或《輕騎兵》，而是大量的十九世紀末和二十世紀的作品，如雷史碧基的《羅馬

---

2 Fennell, Frederick, etc. <u>Conductors Anthology vol. 2</u>, Northfield: The Instrumentalist Publishing , 1989. p. 531.

之松》、《羅馬之泉》、拉威爾的《達孚尼與克羅伊》等。近年來日本的管樂比賽，全國進入「區決賽」的八百支樂隊的自選曲中，有將近百分之六十演奏改編曲，而決賽的則高達百分之七十五。這也有點矯枉過正，無形中抑制了原創管樂曲的生存空間。

　　三、通俗及流行音樂：由於管樂隊出身平民，以往多在公園演奏，所以一般的音樂會向來很少像管弦樂團那樣正經八百（少數較專業的樂團例外），就像以前的樂隊演奏民間小曲一樣，現在的管樂隊往往也安排一些電影、電視音樂或流行音樂改編曲，作為一種娛樂，也無傷大雅。

　　近年來管樂隊音樂的市場出人意表的蓬勃，以往物資缺乏的窘境已不復見，但是面對眾多的樂譜，要怎樣選擇呢？它有如電腦的軟體，攸關樂隊的訓練教育和藝術技巧的培養，不可不慎，以下是我的一些建議：

　　一、音樂要值得演奏 ── 也就是說選擇好的音樂，不論是美學上或具有歷史價值的。音樂教育家高大宜說過：「對兒童必須教導他們最好的音樂，而青少年則該引導他們接觸偉大的作品」。學校樂隊是青少年接觸音樂的重要機會，應該從中教他們最好的。有些老師選曲時刻意避開一些古典大師的作品，以便標榜真正的管樂作品，其實一首舒伯特的小品，絕對勝過許多不太具藝術性的應景之作。

　　二、要適合樂隊的程度 ── 在音樂比賽中常常會聽見某些程度不太好的樂隊，演奏超出他們的程度（有時很多）的曲子，反而弄巧成拙。其實在一般中等程度樂隊所能掌握的範圍內，也不乏好的作品。

　　三、慎選音樂會曲目 —— 音樂會是樂隊對外發表的場合，觀眾不僅能知道樂隊的程度，也不難洞悉指揮及樂隊的格調和品味。一般來說，國內中學樂隊或業餘團體的演奏會，大多商業性濃而藝術性不足，1992 年亞太管樂節在台北舉行，筆者擔任活動負責人，整理安排過所有與會隊伍的節目單，對這方面感觸特別深刻。至於看到某樂團在海報上沾沾自喜的預告將在台「首演」某電影主題曲，就只能無奈的一笑了。

　　如何在這三大類音樂中取得平衡點，又能兼顧場合和聽眾，就要靠樂團指揮的智慧了。

管樂團座位的排法

　　每到音樂比賽。如果你注意到的話，會發現一個有趣的現象：管樂合奏時每一隊奏完，就會有一批人手忙腳亂的在台上排椅子，總要折騰個好幾分鐘（甚至更久！）才能就緒，等到下一隊上台，你會覺得好像乾坤大挪移，他們座位的安排和上一隊大異其趣，很多人不禁納悶，管樂團到底要怎麼坐才好？這個問題聽起來有點像「怎麼吃才健康？」總是有好答案。

　　沒錯，管樂團座位的安排，不只為了「坐相」好看，座位安排得當，會直接影響樂團的「健康」。但是，我們看世界著名的樂團演奏，或是書上、雜誌上的樂團坐法可說不下數十種，到底那一種排法才適合我們自己的樂團呢？其實只要把握一個原則：能讓觀眾聽到最好的音響效果的坐法，就是最好的。

　　我們聽交響樂團音樂會的時候，看到每個樂團的座位排置都大同小異：前半部是樂團主體─弦樂，以指揮台為中心，按高音在左、低音在右，坐成半圓形，木管在後半部中央，銅管在木管後面，打擊在最後一排或左側。除了少數的例外，這幾乎是一兩百年來典型的排法，以國內的職業樂團為例，三個團體只有中、大提琴互換，及法國號的位置稍有不同而

已。經過這麼長期以及許多知名樂團和大指揮家的實踐，可以說已找到理想的座位配置，後世的人就只要依樣畫葫蘆就行了。

而管樂團可沒那麼幸運，由於先天不良 —— 各國樂團編制不一，連管樂曲的編制需求都不同；又後天失調 —— 沒有足夠、具權威及代表性的職業管樂團可供模仿，以致眾說紛紜莫衷一是。但是我們還是可以找到一些原則，或以同級、編制相當，而音響好的樂團作參考。

座位的安排有幾個原則：

1.首先要認識一個觀念 —— 「平衡」是最容易經由好位排法來達到的音樂演奏要素。

2.音量小的樂器要多注意 —— 這些樂器單獨吹或是較突出的樂段可能沒問題，但是合奏中就容易被其他樂器蓋住，應把音量小的排在優勢的位置，音量大的排在弱勢位置。

3.考慮聲音的方向性 —— 除了法國號和號口朝天的上低音號及低音號以外，幾乎所有的樂器都是演奏者面向聽眾時音量最大。

4.聲音的強度和傳送的距離成反比 —— 指揮往往覺得在他周圍的長笛、豎笛和雙簧管平衡感最好。

5.有部分聲音會被其他演奏者吸收或反射 —— 把後排用台子架高，會有助於減輕此一症狀，無怪乎我們兩廳院的貴賓座要設在樓上中央，這樣視覺和聽覺的障礙都最少。

6.同類的樂器要儘量排在一起 —— 木管類在前半部，銅管居後半部，但低音豎笛、倍低音豎笛（如果有和上低音薩克斯風等應在低音號及低音提琴附近。

　　因此，我們對於理想的樂團配置，心裡該有個藍圖了，基本上，樂隊座位整個的排法可分為三種：

　　1.半圓形 —— 以指揮台為圓心，每列椅子如同心圓弧排列，聲音向中間，比較適合人數稍多的樂團，如以前常見的交響管樂團（Symphonic Band）多採此種坐法。

　　2.淺弧形或扇面形 —— 各橫排呈彎度較小的弧形，有如扇面紙，前緣並不與舞台邊切齊而向內斜，但後排為橫排，適合中等人數 40-50 之譜的樂團，日本的中小學樂隊多採此排法。

　　3.橫列形 —— 每排座椅為平行橫列，有如交響樂團中的管樂組，適合 30-40 人的管樂合奏團（Wind Ensemble），最早見於芬奈爾用在伊斯曼管樂團。

　　縱觀以上三種排法，第一種聲音易集中，但是不宜把音量太突出的樂器排在舞台邊；第二種是折衷型，但也有人把豎笛排成同一弧形─自左至右一排，會使兩端失去「連絡」，並不足取；第三種由於全為橫列，座位不可太擠，尤其不適合太多人的樂隊用，在音樂比賽中曾見某高中名校約 60 人，築成一道道「人牆」，後排又沒台子墊高，聲音不易傳送，也應三思。

　　很多學校樂隊往往以某個著名的管樂團為 Model 依樣而為，其實並不見得完全合適，原因在於職業級團體演奏的音樂，各樂器較有獨立性；演奏者也比較能獨當一面，中、小學樂隊的音樂有很多重複聲部（Doubling），個人獨立性也不好，須把常見的重複聲部排在鄰近，如中音薩克斯風和法國號、次中音薩克斯風和上低號、低音管、上低音薩克斯風和

低音號、低音豎笛等低音部、長笛和豎笛等這樣聲部之間可互相扶持。

最後還有一些附帶提醒各位的細節，可供參考：

1.如爲圓弧坐法，長笛不宜擺在右側（就指揮而言，下同），坐在正面較佳，否則長笛變成在演奏者的內側，身體會擋住傳送聲音的路線。

2.法國號應在正面或右側，如在左側則號口朝外，音色不好，並且第一部奏者要坐在最右邊，這樣其他聲部的演奏者才可聽到他的聲音。

3.圓弧坐法時最外側爲各組第一部，在台子上的則中央爲第一部。

4.同樂器各部有二人以上時，該部最好的奏者應比鄰而坐，如小號 1 和小號 2 最好的並坐，Tuba 和 Baritone 奏者亦同。

5.打擊樂器如排左側，由外至內應按下列順序：

鐵琴、三角鐵、風鈴等輕聲樂器，小鼓、大鼓，定音鼓。

有人說：有多少樂隊指揮，就有多少種坐法。樂隊坐法有時不只要因地制宜，也要因演奏樂曲不同而作修正，如很強調節奏組的通俗或爵士樂曲，甚至可將打擊組的靈魂─爵士鼓放在中央附近，使每個演奏者都可清楚的聽到。只要不斷嘗試及多觀摩他人好的作法，必定可找到樂團最好的排法，進而有助於整體音響的提升。

對於小學發展管樂隊的看法與探討

　　國內的小學管樂隊，在這幾年來有了初步的發展，從校內具有實驗色彩的教學性初試啼聲，到作為音樂社團參與社區活動，它已成為某些學校教學的一環。而這兩屆台灣區音樂比賽增列國小管樂隊觀摩，舞台上的小學生，拿著我們習慣於中學生才拿的樂器，的確讓人耳目一新。在好奇之外，國小樂隊也成為教育界與音樂界的話題，從事教育的行政者、教師、學生以及家長，大家所擔心的事，不外乎幾項：一、為什麼要有國小管樂隊？二、小學樂隊有沒有存在發展的條件？三、小學生適合吹管樂器嗎？本文將就這三方面，提出我的一些看法和淺見。

一、為什麼要有國小管樂隊？

　　國民小學的教育是一切教育的基礎，在這個階段，以培養學生各種基本能力為主，以德智體群美五育均衡發展為教育的目標。在這些前提之下，目前國小的美育教育的一環 —— 音樂，除了每週兩小時的音樂課以外，多數學校都組織合唱團、國樂團及節奏樂等團隊，增加學生學習的興趣，提升音樂修養，另外也可藉音樂的合奏、培養合群、協調的美德，音樂的學習也是聽覺及生理的訓練，國小的學童正處於

身心發展最快的階段，如透過音樂的學習以及反覆的演練，可促進聽覺及手眼協調等能力。

也許很多人會認為，目前國小的音樂團隊已足夠，何必再多一樣管樂隊呢？就如前面所說，國小的教育為未來教育之基礎，學生接受音樂的訓練再經過中學、大學，其中有些人走上專業音樂家或教師之路，也有些人成為業餘的愛好者，在社會中從事或推動音樂活動。但是國小團隊中只有合唱團和國樂團有這種延續性，節奏樂隊則到小學畢業就宣告休止。

而另一方面，我國的管樂隊，大多自國中時期才開始，眾所周知，國中時期的學生課業繁重，又背負著沈重的升學壓力，所以除了少數學校以外，絕大多數的國中樂隊都無法正常運作，接下去高中和大學的樂隊也興盛不起來，因為沒有好的開始，大大地影響管樂的發展，而在歐、美、日地區盛行，對社會提供重要休閒文化的業餘樂隊，在台灣也不易生根。如果將樂隊組訓的時間，審慎地由國中向下移到國小，或許有助於改善此種情況。

二、小學管樂隊有沒有存在、發展的條件？

目前國民小學的音樂團隊，除國樂以外的樂器演奏以節奏樂隊為主。節奏樂隊到今天已經面臨瓶頸而不容易有什麼發展，原因有幾項：1.演奏資源有限 —— 基本上這種團體只通行於我國和日韓等地，而且極少為它創作的音樂，絕大多數都是改編自管弦樂，也很少出版的樂譜，在國內，指導老師還要花工夫改編。2.作為一種教學媒介，培養學生基本的

合奏能力，節奏樂隊有它不可抹滅的功能，但在鋼琴日益普及的今天，已經不像過去那樣能滿足學生的求知慾和挑戰心。3.如前所述，它沒有延續性，沒有任何這類的職業（或半職業）團體可供觀摩，也沒有唱片或錄音帶供學生欣賞學習。

　　管樂隊，就和合唱團一樣，是通行於世界各地的一種演奏形式，為它創作、改編的樂曲、教本不計其數，更重要的是這些曲子由簡到難分為一到六級，可自初學起按部就班，學生在只有初級程度時，就有適合他們的樂曲和練習曲，並且從中得到成就感，如此由淺入深，資源不虞匱乏。

　　另一項有利於國小管樂隊發展的重要因素是師資，自民國七十六年專師改制成師範學院，也和一般大學音樂系一樣，招收管樂主修學生，目前已有眾多主修、副修管樂器的畢業生投入教學行列，他們將成為小學發展管樂隊的生力軍；再加上許多學有專精的管樂人才投入，勢必開創一番新局面。

三、小學生適合吹管樂器嗎？

　　這個問題一直是贊成與反對國小管樂隊的人士爭論的焦點，吹奏樂器是否會對身體造成不良影響，我們還沒有醫學上的根據。不過在這裡我倒想提供另一種看法，那就是管樂器的演奏需要用氣，而肺活量大小和能否勝任也有關連。至於肺活量我們可藉體型（身體、體重、胸圍）取得參考值。就以長久以來大家公認可以開始吹管樂的國一生（十三歲）來說，我在民國六十年國一時，參加樂隊並吹奏低音號，就

以當年的國一生和現在的小學生作比較，不雖發現國人在經濟發展、國民營養條件大幅改善的二十年後，學童的體型有顯著的增長：

民國六十年度

年齡	男生			女生		
	身高	體重	胸圍	身高	體重	胸圍
11	136.84	29.52		136.86	30.52	64.90
12	142.52	33.61		145.31	35.36	68.78
13	149.17	38.21		149.94	39.62	71.65

以上資料：身高體重為 60 年度，胸圍自 63 年起才有資料

民國八十年度

年齡	男生			女生		
	身高	體重	胸圍	身高	體重	胸圍
11	145.55	37.90	70.13	145.60	38.21	70.01
12	151.48	43.87	73.92	151.61	43.46	74.46
13	158.20	44.02	77.30	154.92	46.69	77.50

以上資料：全國學生身高、體重、胸圍統計（教育部體育司）

由以上兩表可看出，民國六十年的國一學生和八十年的國小五年級學生的體型相差無幾，而營養的改善，也使現代的學童體質、體能更勝於以往，這是無庸置疑的。由此看來，現今小學高年級學童，已經有二十年前國一學生才有的條件，只要慎重挑選體型適合的學生，給予正確的指導，學習管樂並無不當。

其實國內的音樂班學生，大約在三年級時即開始選擇主修樂器，其中也有不少修習管樂，一直沒有什麼問題，更何況在一段班級中對學生的選擇性比在音樂班大多了。

在鄰國日本開始得更早，當然多從中、小型的樂器入

手,到高年級再細分。不過我還是傾向於四、五年級再開始較好,因為學童在六歲左右開始掉乳牙,到十歲、十一歲左右恆牙才會完全長好,而牙齒對吹奏管樂器有其重要性。

以上簡單就三方面提出看法,總而言之,國小樂隊的發展,第一在師資,唯有受過這方面訓練的教師,才能給學生正確的指導,踏出穩健的第一步。如目前許多學校所採用的,由幾位老師負責管理、領導,並每日督導作一般性的練習,另外自校外聘請單項樂器老師作分組指導,可以有最好的效果。

至於小學現有的節奏樂隊不一定要被取而代之,可以把重心放在中年級,先培養合奏的能力或藉著吹直笛、口風琴練習呼吸,良好的呼吸習慣是吹管樂器最重要的基礎。

我們期望,今後有更多人才投入推廣國小樂隊的陣營,尤其是身居國民教育第一線上的國小教師,更是任重道遠,樂隊的負責老師,也往往是樂隊成敗的關鍵人物。因此這方面的訓練不可缺少,目前師院、音樂教育系還沒有對管樂隊而設的課程,希望將來有正式的管樂合奏課,以便有系統地作管樂隊的教材、教法等基礎訓練,一如目前合唱教學所作的。而省、市交響樂團也可定期舉辦師資培訓,有更好的師資,我們的下一代就有更多的機會接觸充滿朝氣、活力和歡樂的管樂隊。

世界著名管樂團巡禮（一）
── 美國海軍陸戰隊管樂團

　　不論在歐洲或美國，樂隊都發軔自軍隊，美國是軍事大國，各軍種當然都有樂隊以壯軍容，由於幅員遼闊，甚至各基地都有樂隊，樂隊的隊員和募兵制度下的一般軍人一樣，也是一種職業，和國內軍樂隊招收的義務役役男不同，所以其中不乏音樂院系畢業，尚未真正就業的高材生，他們往往以軍隊的樂團爲跳板，進而晉身職業樂團，其中尤以首都華盛頓地區的各軍種總部樂隊最爲優秀。

　　華府最好、最重要的軍樂隊是「海軍陸戰隊樂隊」（The United States Marine Band），如果您對它沒什麼印象，回想一下四年一度的美國總統就職大典，在白宮前面階梯吹奏的就是在這麼重要的慶典中擔任演奏的樂隊，自是非比尋常。

　　「海陸樂隊」的歷史可追溯到美國獨立戰爭中的陸戰隊（Continental Marine）裡負責軍隊行進時演奏的鼓笛隊（在電影中常可見到），1776 年美國獨立，國家運作漸具規模，有成立樂隊的必要，因此在第二任總統亞當任內於 1798 年七月十一日，由國會通過立法而成立，1801 年美國第三任總統傑弗遜封爲「總統專屬」（The President's own）樂隊。他們主要的任務是爲總統的各項活動提供音樂，如迎賓禮，國宴、

接待會和其他各種的娛樂演出。時至今日,「海陸樂隊」的隊員每年在白宮約出勤兩百次,其他在首都地區及全國各地的典禮及演出總計約四百五十場。

「海陸樂隊」的歷史上最有名的隊長就是「進行曲之王」—— 蘇沙,他以二十六之齡接掌這個樂隊,大事改革。自 1880 代末期接掌樂隊之後,就有不少創新的作法,包括曲目的多樣化,安排樂器獨奏者及歌唱家擔任獨奏(唱),因而大受歡迎,事實上這個傳統在今日的陸戰隊樂隊中仍可見到。在他領導的十二年裡,「海陸樂隊」成為美國最好的樂隊,也是世上著名的優秀樂隊之一。

十九世紀末的美國,由於工商日益發達,社會上的各種活動對樂隊的需求日殷,蘇沙於 1892 年七月辭去陸戰隊樂隊指揮的職務,另組「新陸戰隊樂隊」,旋即因為名稱問題更名為「蘇沙樂隊」。該樂隊於 1890 年代及二十世紀前十餘年間,足跡遍及美、歐、非、澳等洲,博得極佳的讚譽,他們的種種,從樂曲安排,演奏風格到制服都是後人師法的,也可說是二十世紀前半葉管樂隊「主流」的格式。

這種情形一直到 1950 年代才起了變化,一方面是因為二次大戰結束,軍樂隊形式的演出已不那麼受歡迎,另一方面,由芬奈爾所倡導的「新管樂運動」,也推波助瀾的促使管樂隊產生變化,無論編制、合奏觀念乃至演奏的內容都和以往的樂隊有很大的不同,蘇沙風格的樂隊也日漸式微,而漸漸被人淡忘。

雖然蘇沙於 1892 年離職「自行開業」,成立蘇沙樂隊。但是作為美國最好的軍樂隊,他們的聲譽始終歷史不墜。他

的後繼者桑特曼（Santelmann）更擴編到六十人；1899 年起加入弦樂演奏者，因此也有了交響樂團。老羅斯福總統時代管絃樂部門有四十六人。1927 年，布蘭松隊長時代起，在廣播電台作定期的廣播演出，很受一般民眾歡迎。第二次世界大戰中由前述的桑特曼之子就任隊長，在戰時發揮了鼓舞民心士氣的作用。

邁入八〇年代，對「海陸樂隊」最有建樹的就是 1979 年任隊長的布傑歐上校（J. Burgeois），為因應新一代的管樂運動，布氏除了保持該樂隊的傳統，也增加了很多附屬團隊和室內樂組合，如絃樂重奏，銅、木管重奏、爵士樂團等。另一方面，該團也積極參與民間管樂活動，是「美國管樂協會」（ABA）及中西部管樂研討會的常客，演出都極獲好評。在曲目方面，「海陸樂隊」安排的十分多樣，除了招牌萊「蘇沙進行曲」之外，以二十世紀的管樂經典為主，在布傑歐任內常有新作發表，這種作法和他的前任隊長們有很大的不同。

「海陸樂隊」每周日下午例行的音樂會多在他們自己的蘇沙廳舉行，每年春季，連續六周的音樂季則在距白宮兩條街之隔的「憲政廳」（Constitation Hall）展開，這也是總統等達官顯貴常會到場的音樂會。到了秋季則展開全國性的巡迴演出，通常都跨越十幾個州，值得一提的是，他們所有的演出都是不收門票的。

1990 年一月，蘇聯正逢改革開放之際，該團曾邀請前蘇聯國防部「第一獨立樂團」訪問美東演奏，而「海陸樂隊」也於二月回訪，促成了美蘇之間軍樂隊的交流，別具意義。

世界著名管樂團巡禮（二）

── 法國共和衛隊管樂團[3]

　　幾百年來，法國的藝術、建築、美食、時裝一直在世上獨領風騷，在音樂方面，承襲十七世紀宮廷音樂的遺產，十八世紀末葉巴黎音樂院的設立，有計畫的培育人才，到了十九世紀可說是法國音樂大放異彩，也是法國音樂家最「露臉」的時期。時至今日，最常被演奏的法國音樂幾乎全出自十九世紀到二十世紀上半葉。

　　在管樂團的發展來說，法國早在 1789 年法國大革命之後，就由小號演奏家沙雷特（B. Sarrette）召集巴黎的管樂好手組成「國民軍軍樂隊」，並推作曲家哥塞克（Gossee）擔任隊長（他在此一時期也寫了不少管樂隊作品）。1790 年擴編為七十人，並由市政府支持經費，但不出兩年就因財政問題而告解散，經沙雷特的努力奔走，終獲准以該樂隊為主體，成立「國民軍隊義務學校，進行管樂教育，1795 年和聲樂學校合併，就成為著名的巴黎音樂院（Conservatoire de Musique）。

---

3 國內也有譯為「禁衛軍管樂團」的，但法國自大革命後已無帝制，這點和英國或荷蘭等君主立憲國不同，目前法國為「第五共和時期」。譯為「共和衛隊管樂團」除了文字較為正確之外，也可和其沿革相呼應。

1848 年，法國發生另一次革命 ── 推翻波旁王朝（Bourbon），造成嚴重的社會治安問題，因此巴黎當局成立了「人民自衛隊」（Garde Civique），隊長雷蒙上校請小號演奏官帕呂（Paulus）從隊中挑選十二位小號演奏者，組成一支號隊，他們配有樂器、制服，但其他花費得自薪水（一塊半法郎）中扣除。

1852 年該隊參加巴黎市所有軍樂隊聯合演奏會，演奏阿當（Adolphe Adam，舞劇吉賽兒的作者）的彌撒曲，由於表現十分突出，藝術水準凌駕於他隊之上，極獲當時巴黎市長的讚賞，四年後擴編為五十六人的樂隊，名為「巴黎衛隊管樂團」（Musique de la Garde de Paris）由帕呂擔任首任團長，就是「共和衛隊管樂團」的前身。1867 年，在巴黎舉行世界博覽會，期間並有管樂隊比賽，有來自歐洲各國的十餘支軍樂隊參加，評審包括作曲家德里勃、萊比錫布商大廈管絃樂團首席大衛、指揮家畢羅、維也納名樂評家漢斯利克等。結果該團和來自普魯士的皇家樂隊並列第一。

1871 年「巴黎衛隊」改組為「共和衛隊」（功能類似我國的憲兵），並分編為兩個分隊。1872 年該團赴美國波士頓，參加世界和平大會，並巡迴紐約、費城等十餘城市，受到美國人熱烈的歡迎，獲得極大的成功。在那些年裡「共和衛隊樂團」可說是歐美各種大型活動的常客，也由於帕呂卓著的貢獻，他在退伍前獲政府頒授勳章。

歷任的團長（兼指揮）可說個個都是不簡單的人物，他們多為管樂演奏家出身，能作曲、對管樂團配器的發展也都各有建樹，尤其是他們為管樂團所作的曲子計數百首，是管

樂團文獻中重要的遺產。另外,第四任團長巴雷（G. Parès曾寫一本有關管樂團配器的書,對後世管樂團的影響一如白遼士、林姆斯基‧高沙可夫的配器學之於管絃樂團。

　　經過不斷的擴編,到了二次大戰前成員已有八十三名,1947 年在法國總統歐利奧建議下新增加絃樂演奏者員額,成為交響樂團。到了 1983 年又加入十餘位聲樂家所組成的合唱團。這些團員自第二次大戰後已改為公開對外招考,幾乎清一色畢業於巴黎音樂院,水準十分整齊。每週兩個半天的練習,也准許兼職者,其中以音樂學校教師居多,也有半職業交響樂團的演奏家。

　　一百多年來,「共和衛隊管樂團」,已成為世界上地位極高的音樂團體,也由於它光輝的歷史,為管樂團的發展紀錄了輝煌的冊頁。目前「共和樂團」事實上包含四個團體:管樂團（Musique）、絃樂團（Orchestre）、行進樂隊（Batterie-Fanfare）和極為罕見、每逢重大國家慶典時作為總統的前導儀仗隊的騎兵號隊（Fanfare de Cavalerie）。

　　自 1973 年起,該團向民間、學術界招聘指揮,由巴黎音樂院和聲及作曲教授也是鋼琴演奏家的布特利（P. Boutry）中選,一直擔任指揮至今。這位曾獲法國音樂家最高榮譽 ── 羅馬大獎的大師,擔任這個職位應是適才適所,雖然他也寫過一些管樂曲,但是相較於前幾任指揮,他很少安排新作演出,大多演奏改編自管絃樂的曲目。在他任內,樂團出過不少唱片,幾乎網羅了所有法國的傳統管樂曲,如今已成為重要的參考資料。

　　從音色的角度來看,布特利極盡模擬管絃樂團之能事。

也由於法國傳統中薩克斯風與薩克斯號（圓錐管類銅管族從低到高計數種，音域和薩克斯風相呼應）實力堅強，加上特多的二十幾把豎笛，使「法國共和衛隊管樂團」能發出極為纖細、溫暖的音色，從這一點來說，世界其他管樂團還難與之匹敵，也可說是歐式樂隊的典範。近年來日本的各級樂隊多愛演奏管絃樂改編曲（在比賽中多於原著曲），自然將「共和衛隊管樂團」奉為圭臬。

該團的 CD 在一般唱片市場中並不多見，比較具代表性的是 1988 年紀念法國大革命兩百周年錄製的專輯，收錄當時的法國管樂曲，還有法國流行女歌手馬修演唱國歌「馬賽曲」。（EMI CDC 749473 2 PM518）。近年他們訪日演奏頻繁，也有實況錄音 CD 出版，其中名為「波麗露」的一張，收錄此曲以及巴哈 d 小調前奏曲與賦格及德布西牧神前奏曲等，全為該團第六任團長杜邦（P. Dupont）及指揮布特利的改編之作，很值得一聽：

Garde Republicaine "Bolero"日本櫻桃唱片（Sacrambow Scw-1004）。

世界著名管樂團巡禮（三）

― 東京佼成管樂團

　　聆聽好樂團的演奏不只是一大樂事，也有助於我們對音樂的認識，但是許多喜愛管樂團的朋友，常常抱怨找不到管樂團演奏的唱片，甚至也不知道哪裡可以找到知名管樂團的相關資料，相對的，柏林愛樂、維也納愛樂、紐約愛樂等交響樂團的唱片幾乎隨處可得，對於這些樂團的種種也知之甚詳。但是由於管樂團發展的歷史不像管弦樂團那麼有系統，也比較缺少管弦樂團那些有分量的曲目，因此自從有管樂團以來，除了軍樂隊以外很少有職業的管樂團，不過現今世界上還是有不少水準極佳的管樂團，想介紹給大家認識，同時也推薦他們的 CD 給愛好管樂的朋友。

　　首先，從距離我們較近的日本開始，由於經濟的成長，日本的管樂隊自五〇年代起蓬勃發展，到現在全日本包括各級學校、軍警、社會、職業的管樂隊，總數已經超過一萬五千，不過其中職業的團體仍寥寥可數。

　　日本最具有代表性、水準最高的管樂團是佼成管樂合奏團。東京佼成管樂合奏團成立於 1960 年，由日本的佛教團體立正佼成會贊助，原名東京佼成交響管樂團（Kosei Symphony Band），創團團長水島數雄是陸軍軍樂隊的士官，1962 年在

東京舉行第一次定期演奏會，自此每年在日本各地舉行各種類型的音樂會，對日本的管樂發展起了很大的促進作用。

　　1970 年佛教佼成會在東京蓋了一座可容納五千人的「普門館」，作為該團的練習以及演出場所，1973 年該團重新整編，並且改成目前的團名（按日本語片假名應為 Wind Orchestra），編制比照伊斯曼管樂合奏團，除了豎笛和低音號以外，每個聲部只由一人擔任，脫離了大管樂團的色彩，不論就曲目或演出型態，都朝著更精緻的方向，該團除了定期演奏會還常常舉行特別的演奏會，如社區、學校等推廣音樂會，慈善演奏、巡迴演出、音樂比賽指定曲示範演奏等等。

　　其實，對該團發展最具有革命性意義的大事是，1984 年請到美國伊斯曼管樂合奏團的創辦人芬奈爾博士擔任常任指揮，在他的帶領下，風格更接近美式，而這位已退休的管樂大師，也在日本人強大的經濟支持下，重拾當年在伊斯曼的理想。

　　由於該團於 1985 年在筑波所舉行的世界博覽會、88 年瀨戶大橋通車典禮，以及幾個重大慶典上的演出，使得這個在日本少有的職業管樂團，擁有全國性的知名度。

　　佼成管樂合奏團在國際上獲得肯定，是在 1989 年該團首次應邀出國於荷蘭舉行的第四屆世界管樂大會上的演出，在大師芬奈爾的指揮下，讓管樂團發源地歐洲的觀眾大為驚訝，接下來在奧地利、瑞士、法國、英國的巡迴演奏也獲得極高的評價，英國作曲家 Michael Short 還曾為文評論：「這個令人吃驚的管樂團在老將芬奈爾的帶領下，把音樂都演活了，而且深深吸引了觀眾，我從未看過一個有這麼多高手的

管樂團。」至此該團躋身於世界第一流管樂團之列。

　　挾著日本雄厚的經濟力和龐大的市場,芬奈爾當年在伊斯曼所錄製的「管樂經典」可說全部用更先進的技術重新錄製,另外該團也聘請作曲家現身說法,親自指揮自己的作品,可以說幾乎把重要的管樂作品全部收羅,是難得的參考資料。

　　佼成管樂團的音樂會和唱片內容,大致包含下列四類:

　　一、原創管樂曲:推廣真正為管樂團所寫的音樂,向來是芬奈爾所揭櫫的理想,在伊斯曼時代就極力鼓吹,多方奔走,遊說有名的作曲家為管樂團寫作,在他奉獻管樂團的一生中,已有 450 首左右的新作品由他首演!

　　二、管弦樂改編曲:相較於美國,日本的管樂團較常演奏管弦樂的改編曲,原因是他們十分崇尚如法國「共和衛隊管樂團」的風格,在日本的全國音樂比賽中,自選曲部分有近百分之五十的團隊演奏此類樂曲,百分之二十幾是原著音樂,其餘近百分之二十為日本作品。他們多半偏好國民樂派及二十世紀富有特色的作品,從《牧神的午後》、《天方夜譚》、《達孚尼與克羅埃》到蕭士塔高維契的交響曲,直追管弦樂團的演出曲目。

　　我曾經問曾任該團客席指揮的大澤可直先生,為什麼日本樂團這麼狂熱於改編曲?他認為唯有這些「大曲」才可能把管樂團的能力發揮到極致。

　　三、日本國人作品:不甘於管樂團這種外來文化演奏的內容又全淪陷於外人之手,日本的作曲家早已有可觀的成績,藉由每年音樂比賽徵求新曲作指定曲,數十年來(自 1960 年代起),已有不少作品沈澱下來,成為最受歡迎的曲目,如

大栗裕的《來自天岩屋的神話》及《大阪俗謠幻想曲》，竟成為最多團體演奏的比賽自選曲，許多樂譜已透過國際知名的大音樂公司發行，無疑的由日本最好的佼成樂團演奏（指揮多為日人），是最具說服力的。

四、通俗流行曲：佼成樂團一般的音樂會，其實很少演奏這類音樂，主要是因為 1973 年起和 EMI 唱片合作，出版的「管樂新聲」（New Sounds in Brass，日人常俗稱管樂隊為 Brass Band），每年一集，由老牌編曲家岩井直溥主持編曲工作，尤以著名電影音樂及拉丁美洲的音樂最為突出，廣受歡迎。

在介紹佼成樂團的唱片之前，先舉幾個音樂會的例子，就可對他們演出的曲目略知一斑。

1995 年五月七日：魯斯特《閃耀的管樂》、伯恩斯坦《憨第德序曲》，四首日本比賽指定曲（國人作品）、克利方·威廉《交響組曲》。

1995 年七月二十九日世界管樂大會閉幕音樂會：巴赫《幻想曲》、小山清茂《太神樂》、亨德密特《交響曲》、達爾《薩克斯風協奏曲》、哈察都量《假面舞會》。

代表性唱片介紹：

至於 CD 方面，佼成到目前為止錄製的已超過一百張，由佼成出版社發行。在此只擇其中較具代表性的介紹：

一、深層之祭（UOCD-2901）：收錄了大栗裕、三善晃、田中賢、伊藤康英等近年最具代表的日本人作品，不難聽出，他們已有自己的風格，作曲技術及演奏俱屬上乘。

　　二、呂德作品全集（3550/53）：舉世知名的美國作曲家，他為數眾多的作品，佼成幾乎都替他灌錄，這四張一組於一九九四問世，他的一些重要作品都收錄其中，由作曲家親自指揮。另外還有《哈姆雷特》、《奧泰羅》等。

　　三、大師系列：（EMI 發行）這一系列全是改編作品，如第二十七集「德國大師」，收錄了貝多芬、華格納等人的歌劇序曲，對於喜歡比較版本的人，不失為比較管弦樂和管樂團演奏效果的好例子。

　　另外每年都會出一集的「管樂新聲」，如前所述是以流行通俗曲為主。「年度最佳選曲」（Best Selections）則都是新問世的原著曲目，也值得參考。

世界著名管樂團巡禮（四）

── 伊斯曼管樂合奏團

　　我初次聽到「伊斯曼」這個名字，總覺得有點熟悉，好像在哪兒見過，想到小時候在電影院都會看到「伊斯曼彩色超寬銀幕」的廣告詞，不知道兩者之間有什麼關聯，經過多方的求證，才得到肯定的答案，原來做電影底片和創立這個音樂院的是同一個人 ── 喬治‧伊斯曼（George Eastman，1854-1932）是舉世聞名的柯達公司創辦人，在事業有成之後不忘回饋社會，先後曾捐贈給麻省理工學院等校達 7500 萬美元之鉅，由於他熱愛音樂，因此在 1921 年捐款在羅徹斯特大學內設立音樂院。其實，早在 1935 年該大學就有管樂團，根據文獻資料顯示，芬奈爾先生當時就擔任指揮，1937 年起則成為伊斯曼管樂團，在 1952 年芬奈爾先生以新的觀念把它改組成為管樂合奏團的形式，從那時起就維持每年十場左右的音樂會，1961 年起由現任指揮漢斯柏格繼任至今，他接掌以後的伊斯曼管樂團基本上還是走和以往相同的路線，除了現有的管樂作品之外，也致力於新作品的發表，尤其是 1960 道 1970 年代美國主要作曲家的新作，幾乎全由該團發表演出，對擴展管樂曲目有極大的貢獻。

　　該團大部分的音樂會都在伊斯曼音樂廳舉行，1968 年為

全美音樂教育協會所辦的巡迴演奏，是第一次在外州的大規模演出，曾經到芝加哥、丹佛、洛杉磯、華盛頓、西雅圖等大城市演出，受到熱烈的歡迎和極高的評價，自 1970 年代起他們已成為各種和音樂有關的會議、研習，甚至商業博覽會的常客，經常作示範演出，在曲目方面也增加了很多和著名演奏家協演的音樂會。1975 年十月六日，該團曾經為了演出的需求擴展為大型管樂團（Wind Orchestra），並且在節目單中說明這場首演音樂會，表示以後伊斯曼管樂合奏團將會以兩種編制出現，以應付作曲家對樂團規模的要求。

　　1977 年十月該團以兩場音樂會向創團的芬奈爾先生和老團友致敬，並且邀請芬奈爾先生親自指揮。1998 年在美國國務院東南亞公司和日本經紀公司的安排下，曾經到日本、南韓、香港、菲律賓、印尼、馬來西亞作為期六週、二十五場的巡迴演出，由於日本龐大的管樂人口，該團在 1990、92、95、96 數度訪問日本，成為伊斯曼管樂團在海外最大的市場。

　　這個世界級的管樂團所出版的唱片卻不多，1960 到 80 年之間尤其難得，直到 1988 年才由 CBS 出了兩張，算是比較具有代表性的錄音，其餘多為在日本演出的現場錄音。也許是因為好久未曾出片，選的曲目都頗具分量，包括有馮威廉斯的《觸技曲》、《變奏曲》，辛德密特的《音樂會音樂》，胡薩的《布拉格 1968》，還有柯普蘭《寂靜之城》，並由當紅的小號演奏家馬沙利斯（Wynton Marsalis）擔任獨奏（CBS MK44916）。另一張「嘉年華」（Carnaval）是由馬沙利斯主奏的短號與管樂團名曲（CBS MK42137）都是很值得一聽的管樂名片。

世界著名管樂團巡禮（五）
── 新蘇沙樂隊

在管樂發展史上佔有重要地位的蘇沙樂隊，已經是一世紀前的過去式了，但是「進行曲之王」蘇沙及他的樂隊所留下的音樂及演奏風格，卻深深地影響二十世紀的管樂隊發展，時至今日，世界各地的管樂隊都不難見到「蘇沙樂隊」的影子。

時至蘇沙時代一百年後的 1985 年，由於懷念上個世紀末那種優雅的風格，又感歎於「今人多不彈古調」，美國研究蘇沙的專家布萊恩（Keith Brion）為了重現蘇沙精神，組織了一支「新蘇沙樂隊」。這個樂隊是由華盛頓地區優秀的演奏家所組成，由於布萊恩本身是指揮家，又是研究蘇沙的權威，因此他極具考證的工夫，儘量蒐羅當年蘇沙使用的樂譜，用一樣的樂器編制，甚至模仿他們的制服，在 1986 年由馬里蘭州公共電視為他們作的專輯中，還可看到布萊恩刻意貼鬍子、染頭髮扮成蘇沙模樣的鏡頭。不過事隔十年後，他已經不必化裝就很像了。當時他們邀請了大都會歌劇院的女高音麥爾斯（Erie Mills）、波士頓大眾管弦樂團首席小號戴瓦（Charles Daval）、水牛城交響樂團名短笛演奏家特洛（Larry Trott）、低音號演奏家哈利（Dan Harry）擔任獨唱及獨奏。

曲目則包含了《輕騎兵序曲》、《蘇沙進行曲》到華格納歌劇音樂，結果他們的演出一炮而紅，華盛頓郵報評爲「迷人而具原味的完美演出」，立刻被邀請在 1987 年的「世界管樂大會」中演出，並在 88 年起每年定期作全美巡迴，一如蘇沙在一個世紀以前所作的，不過他們比古人佔優勢的是：樂器更精良，無論演奏技術或音響都更完善；交通便利，讓他們可以到更多的地方演出；拜現代傳播科技之賜，也使他們在短期間內聲名鵲起，並且更容易傳揚他們的理想。

　　該團除了安排美國本土、日本及歐洲的巡迴演奏之外，也參加多處有關蘇沙的研討會作示範演出，事實上這已成爲「新蘇沙樂隊」這幾年來最受歡迎的任務。

世界著名管樂團巡禮（六）
—— 達拉斯交響管樂團

　　幾年前無意間在唱片行發現一張名爲「Fiesta」的管樂唱片，封面是南美風格的鐘樓加上壯觀的煙火，裡面收錄的曲目都是具異國情調 —— 拉丁美洲的管樂經典作品，這倒是很合我的胃口，但是這張 CD 卻是由一個陌生的樂團 —— 達拉斯交響管樂團錄製的，回家聽了第一首歐文·李德寫的「墨西哥節慶」之後，就被它渾厚的音色及完美的詮釋所吸引，這幾首都是富於技巧性的曲子，我心想一定是個像「克利夫蘭管樂合奏團」那樣，以職業交響樂團管樂手爲班底的臨時樂團。

　　其實不然，經過這幾年聽到他們更多好的錄音，以及越來越活躍的演出報導，才慢慢認識這個美國唯一的職業市民管樂團。

　　美國雖是管樂水準極高的國家，也擁有可觀的職業交響樂團，但是所謂「職業」的管樂團，可說全是軍方的（陸海空的樂隊成員爲召募的有給職音樂家）。達拉斯交響管樂團，雖然組織不像管絃樂團那麼職業化，但它的經費百分之八十來自門票收入，團員爲「工會」會員，由此來看，也可稱爲職業樂團了。

　　該團成立的發起人是對樂隊有狂熱愛好的低音長號演奏家康貝爾（Kim Campbell），身為交響樂團的音樂家，他卻不能忘情於樂隊，1985 年他去找在南方教會大學任教的管樂指揮、教育家杜恩（Howard Dunn），兩人初次謀面，即對成立一個能演奏高水準、高難度音樂的管樂團有一致的興趣，杜恩在聽完前者的理想之後，說：「我等一個像你這樣的人，已經等五年了！」這樣一拍即合，奠定了很好的合作基礎。成團之後，杜恩為常任指揮，康貝爾任樂團經理。

　　他們希望組一個和「伊斯曼管樂合奏團」一樣編制、約四十五人左右的管樂團，演出的內容和形式有別於一般的市民或社區樂隊，而杜恩認為要找職業水準而又喜歡吹管樂團的人，似乎不太容易。但是康貝爾真的找來了達拉斯最頂尖的好手們，其中有不少是朋友相招而來，第一次排練的是霍爾斯特第一組曲，康貝爾回憶說排練到一半時，他感動得熱淚盈眶，這個樂團的美好音響是他從未經歷的。擔任指揮的杜恩也對團員的表現，覺得出乎意料之外的好，而這些平常以管絃樂團活動為主的人，也愛上管樂團的演奏。

　　事實上，達拉斯交響管樂團每週只利用星期六上午排練，幾個月之後他們舉行第一場音樂會，雖然觀眾只有二、三百人，但是他們對管樂音樂的熱愛和渴望，使得這個管樂團可以發展下去。在組織方面，由於參與的音樂家為「工會」會員，因此也得到工會大力的協助，加上理事會的設置，該團的運作實際上已經很接近職業交響樂團。在越來越多的音樂會之後，他們也得到市政府和民間的贊助，有了基本經費才可保持正常的運作。

1987年他們和「芝加哥銅管室內樂團」合作，錄製第一張唱片，名為「銅管與樂隊」，演奏英國作曲家傑可布（Gordon Jacob）的「慶典音樂」（Masic for a Festival），這是一首管樂團與銅管八重奏的佳作。

由於達拉斯管樂團漸有名氣，1989年美國一家名為Reference的唱片公司主動找他們錄音，第一張合作的CD就是文前所提的Fiesta（西班牙文意為節慶），該公司提供極佳的技術人員，包括曾與「伊斯曼」和芬奈爾合作的主錄音師，他也曾是芬奈爾和克利夫蘭合作時的音效顧問，此片獲得極高的評價。

在票房上也有漸入佳境的表現，1990年達拉斯市新建的梅爾森音樂廳，成為該國固定的演出場所，並把每年的演出季拉長為五個月，票房的收入約為全團經費的百分之八十。

在演出內容方面，除了經典作品，也有通俗曲目，一如管樂團節目單：開始可能是興德密特的交響曲，接著呂德或柯普蘭的音樂，下半場可能是百老匯選曲再來一段蘇沙進行曲。說到蘇沙，每年國慶日的「蘇沙特別音樂會」都為該團締造爆滿的佳績。

另外，名指揮芬奈爾也在一年中花一個月與該團合作，並有兩張CD問世。樂團正步向軌道之際，常任指揮杜恩卻因癌症去世，由章肯（Jerry Junkin）接任，在理事會方面已增到三十餘人，但卻因經費所限苦無專任行政人員，前些年紐約的哥倫比亞經紀公司有意請他們作巡迴演出，但因為沒有專任行政團來策劃而胎死腹中，如果要全面職業化，可能需要一筆龐大基金，所以短期內只能維持現狀，我們期待該

團得以持續，為管樂界提供美好的演奏。

達拉斯交響管樂團唱片欣賞：

1.Fiesta：收錄拉丁美洲風的管樂曲，有李德的墨西哥節慶、克利方·威廉的交響舞曲及尼克森的太平洋節慶等極具特色的音樂，杜恩指揮（RR-38CD）。

2.Fennel Favorites：名指揮芬奈爾與該團合作的首張，有巴哈的帕薩加利黑與格、普羅高菲夫的三個橘子的戀愛等較少見的管樂改編曲（RR-43CD）。

3.Arnold for Band：最新的一張 CD，是英國作曲家馬坎阿諾 Malcolm Arnold 的專輯，這位英國倫敦交響樂團小號首席，並曾為「桂河大橋」等電影配樂的作曲家，也有不少管樂作品，包括《水上音樂》、《路易的號曲》（獻給爵士小號大師路易·阿姆斯壯）、《劍橋公爵進行曲》及由管弦樂團改編的名作《四首蘇格蘭舞曲》（RR-66CD）。

世界著名管樂團巡禮（七）

── 辛辛那提交響管樂團

　　管樂團的 CD 向來不是市場的主流，但是愈是難得益顯它的珍貴，很多愛好管樂唱片的人士，常常要在唱片行中，以入山挖寶的心情，尋找這些有如鳳毛麟角的錄音，一旦有所斬獲，必定喜出望外。愛好管樂唱片的人，大體上有兩大類：一是聽音樂的內行人，喜歡尋找新的聲音，管樂團這種組合，雖不若管絃樂團像油畫那樣的五彩繽紛，但是由管樂和打擊所構成的音響和音色，倒是比較接近雕塑作品，經由這些需要吹氣發聲的樂器，更能表現如雕塑般的肌理和厚實感。另外一類是「管樂族」人，多為實際接觸管樂團的老師，演奏者或學生，對他們來說，好的音樂作品和好的演奏錄音，提供了最好的養分，也作了最好的示範，不免會產生「見賢思齊」之心。

　　相對於不多見的管樂 CD 來說，在這裡要介紹的一系列由辛辛那提交響管樂團所作的錄音，無疑的是個大手筆，這是美國目前在市場上佔有一席之地的三大管樂團之一，另外兩團分別是伊斯曼管樂團，以演奏古典改編曲及二十世紀中葉的作品較多；另外是達拉斯管樂團，以較少見的正統管樂曲和新編改作曲為主。而這一系列計九張的辛辛那提交響管

樂團 CD，則把焦點放在二十世紀的美國作品上，甚至有好幾張的標題都和美國有關。

　　這個樂團是由辛辛那提大學音樂院師生所組成，這所具有一百二十五年歷史的學府，是美國培育職業音樂家的重鎮之一，被紐約時報譽為全美第一流的音樂學府。指揮柯波龍（Eugene Corporon）是名管樂指揮和教育家，曾任多所以管樂著名的名校如密西根大學、辛辛那提大學的教授（現在已轉任北德州大學樂團指揮）。這一系列唱片自 1989 年起錄製，以後每年最少一張，面世以來受到很高的評價，可媲美1950 年代芬奈爾和伊斯曼管樂團的水星系列唱片，當然現在最先進的數位錄音，和前者當時以三支麥克風作業的情形不可同日而語。以下分別對各片作簡略的介紹：

　　1.美國夢（American Dreams, Klavier 發行 KCD 11048）。開頭是伯恩斯坦的〈康地德序曲〉，這是 1994 年世界杯足球賽，三大男高音演唱會的序曲，原曲為管絃樂，管樂原本就十分吃重，節奏強烈的曲風，用純粹的管樂來表現，更能淋漓盡致。另外還有美國重要的作曲家柯普蘭的作品，〈戶外序曲〉是原創管樂曲，〈墨西哥沙龍〉則改編自管絃樂，最後一首是大家較不熟悉的李德（O. Reed）的作品，〈墨西哥節慶〉（La Fiesta Mexicana），描繪墨西哥的宗教節日情景，極富特色。

　　2.聲響（Sounding, KCD 11047），收錄了十二音列作曲家荀白克（奧國/美國）的管樂原作曲，十分難得，名為〈主題與變奏〉作品四十三A，寫於 1943 年，由於正逢大戰期間，當時美國樂隊又以軍中樂團為主，不易演出，因此又有四十

三Ｂ的管絃樂改編版。還有蓋西文的名曲「藍色狂想曲」，在這裡按照1924年美國作曲家葛羅菲爲保羅惠特曼（約曲人）樂隊所作的配器而改編，把原本就是管樂主奏的爵士樂，用管樂團演奏，更能保有原味，也是極爲難得的錄音。

3.紀念集（Memories, KCD 11042），這幾首曲子都有點懷舊的味道，第一曲也是這一系列ＣＤ中最古老的作品，是貝多芬的好友萊夏（A. Rcicha）於1815年所寫的，延續法國大革命慶典音樂的風格，編制分爲三個小型樂隊，十分特別。

另外，雖然歷史上的戰爭常被寫進音樂之中，如1812序曲，成爲紀錄史實的史冊一般，但是對於美國人最不願回首的越戰，雖然電影不少，音樂創作卻不多見，葛林翰所寫的〈英雄的失落與淪亡〉，是其中少數之一，曲中採用許多軍號等勾起人們回憶越戰的素材，聽了讓不少人又一陣揭疤之痛。

4.象徵（Emblems, KCD 11030）這是柯普蘭的曲名，他自稱是個「一年一曲」的人，1964年以這首管樂作品，回應已承諾上百次的美國學院管樂團協會。直到當年十二月年會首演前一周才完工，是研究柯氏音樂不可遺漏的珠玉之作，第六首兒童花園之夢，運用管樂和打擊多樣的音色，色彩十分獨特，氣氛也不同於一般管樂作品。

5.明信片（Postcards, KCD-11058），第三首米堯的作品法國組曲，是管樂文獻中重要的作品，這位以反德布西「絲刷子」式的音樂，聲稱要以「槌子」般的音樂取而代之的法國「六人組」大將，在這首管樂團中，倒是十分傳統，也充

滿著溫暖的法蘭西情調，和他其他較尖銳的作品不同。全曲分五段，分別描寫諾曼地、布列塔尼、法蘭西島（以巴黎為中心的大區）、亞爾薩斯格林和普羅旺斯等各具特色的法國五個地區，雖非長篇大論，卻也輕巧可人。

6.模範（Paradigm, KCD-11059）。史特拉汶斯基的小品「馬戲波卡」打頭陣，在其中可聽到舒伯特的軍隊進行曲，到了他的手裡變得滑稽突梯、光怪陸離，馬戲式的安排，有如小丑出人意表的演出，令人莞爾，可惜並未收錄大師的管樂交響曲，希望以後有機會介紹。德國二十世紀十分重要的作品家興德米特，則有一首大作在此 ── Bb 調交響曲，雖然只有十七分鐘長，但結構嚴謹，氣勢不凡，是一首二十世紀的管樂佳作。

辛辛那提交響管樂團的 CD 還有數張，都值得一聽：

7.美國製造（Made in America, KCD-11051）

8.美國變奏（American Variations, KCD-11060）

9.心靈音樂（Hearts Music, KCD-11064）

世界著名管樂團巡禮（八）
── 斯德哥爾摩交響管樂團

　　同處於斯堪地那維亞半島的挪威、瑞典兩國，這幾年分別有青年管樂演奏家在日內瓦、布拉格、慕尼黑等國際大賽中奪標。而據了解，在管樂的系統方面，北歐諸國比較接近英國。雖和德國有地緣關係，但就使用的樂器觀之，他們都不用德式轉閥小號或德製法國號、長號，音色上似英國溫暖圓潤，而不是德式的直而堅實。

　　從這個角度切入，也可以理解為什麼北歐的銅管樂隊也很發達，這和銅管樂隊的發源地 ── 英國也脫不了關係。而相較於不列顛島，歐陸的管樂隊就不那麼蓬勃了，這和他們的學校規模都不大也有關係，因此德、法、義、西等國除了政府的軍樂隊之外，多為社區性的樂隊，成員老老少少，也較不具規模。

　　瑞典的管樂演奏較出名的首推長號林伯格，其他的如果您注意瑞典的 BIS 黑殼牌唱片，多少能認識幾位。在此要介紹的是瑞典最具代表性的管樂團，也是有二十餘年歷史的「斯德哥爾摩交響管樂團」（Stockholm Symphonic Wind Orchestra）。

　　其實，我對這個樂團的認識也僅來自他們的兩張 CD，還有歐洲管樂雜誌上份量很少的報導，但是這個管樂團的水

準實在值得大書特書。

「斯管」成立於 1970 年代初期，是瑞典最具規模的職業管樂團，在政府的扶植之下，負有推廣全國管樂教育的特殊任務，同時也著力於本國作曲家新作的發表，他們除了定期在斯斯德哥爾摩市立劇院演出定期音樂會以外，也常應國防部之請，在國家重大慶典及外國元首到訪時演奏，另外諸如國會開議，國慶日等場合也常擔任演出。爲了推廣的需要，成員也以不同的小組室內樂形式爲青年學子演奏。

不同於前面介紹過的幾個團體，「斯管」的曲目全是很 Serious 的（嚴肅、正經），不是那種玩玩或湊湊熱鬧就罷了。可說都是大牌的作家作品，這兩張 CD 一張多爲純粹管樂音樂，另一張以協奏曲爲主。

第一張的頭一首是本世紀初管樂大作，出自法國作曲家史密特（F. Schmitt）之手，他是馬斯奈和佛瑞的高足，這首深受史特拉汶斯基的《火鳥》和德布西《牧神的午後》影響的作品，是當時法國共和衛隊管樂團特約創作，不同凡響的色彩和配器，不只是世紀初，就算今日也很少有。

史特拉汶斯基爲管樂合奏寫的作品，除了管樂交響曲之外，就屬這首鋼琴協奏曲最重要，擔任鋼琴獨奏的是曾數度來台的俄羅斯鋼琴家彼得洛夫（Petrov）。

至於另一張 CD 則以協奏曲類的作品爲主，而且全部都是二十世紀的作品，擔任獨奏的是管樂隊中重要的樂器－薩克斯風，作者爲當代美國極具份量的作曲家達爾（ I. DAHL），這位父母爲瑞典人、在德國出生、求學的作家，以二十世紀後半葉的浪漫手法爲這樣迷人的樂器作出這首經典

之作。

　　另一首低音號協奏曲爲英國作曲家葛雷森（E. Gregson）所寫的，是極爲難得的作品，作曲家自己曾說，他把低音號這個常擔任低音的樂器，定位爲具旋律性特色的，其中第一樂章的裝飾奏，還借用了低音號協奏曲的祖師爺弗漢威廉士的作品的片段，原是爲銅管樂隊伴奏寫成，後來由作曲家改成標準的管樂隊。由前英國「菲利普瓊斯」銅管合奏團低音號手弗萊策（Fletcher）首演，可惜的是弗萊策在 1984 年首演之後，不過幾年便以不到五十的英年早逝。

　　寫作管樂曲的作曲家大約可分三類：一是以教育爲目的，寫作較初中級程度的，這種作品每月以數百計問世；第二類是專以管樂爲媒介，創作音樂的作曲家，如呂德、史威林郡等，通常對管樂隊較富「同情心」；第三類是只把管樂團當成諸多表現音樂藝術手段之一的純作曲家，如柯普蘭，胡沙（K. Husa）興德密特等人，如果您喜歡的是後者，那麼這兩張 CD 絕不能錯過。（Caprice records CAP 21384, 21414）

推動管樂團搖籃的手 —— 芬奈爾

在談到管樂發展史時，不能略過「芬奈爾」這個名字，和他組成「伊斯曼管樂合奏團」的那一段；介紹管樂名曲而不搬出他和水星唱片合作的那些錄音或近年來和日本佼成管樂團所錄的 CD，好像就覺得言之無物。究竟他是怎樣的一號人物，又為什麼老在青史上得以留名（還佔了不少篇幅），欲知分曉，請看下文。

如果純粹只以指揮家的角度來看，古今多少叱吒風雲的名指揮，在他們的麾下也成就了不少有名的樂團，在古典音樂這個領域裡，芬奈爾如果要和那些大指揮家相提並論，大概還擠不上排行榜，但是他自青年時期即投身樂隊，創立伊斯曼管樂團，大力鼓吹管樂合奏，著書立說，在管樂發展的熱潮中，鼓勵作曲家為管樂團作曲，都功不可沒。

而今年屆八旬，仍以日本佼成管樂團常任指揮身分活躍於舞台上，四十年來他所錄製的管樂作品之多、範圍之廣，在本世紀無人能出其右。甚至可以說，沒有芬奈爾，二十世紀的管樂發展，不會是今天這樣的局面。

芬奈爾是克利夫蘭人，當地多為德國或東歐移民，音樂文化十分濃郁，小時候常聽父親和姑丈表演鼓笛合奏（像美國南北戰爭中軍隊樂手那樣），所以他很小的時候就學打鼓，

並且經常參加父執輩的樂隊演出，少年時接觸的都是蘇沙的進行曲那一類的音樂。

上了高中以後，由於該校音樂水準很高，管絃樂團、管樂隊都是音樂比賽中的冠軍隊伍，還有一位很優秀的音樂老師教授和聲、對位、分析等課程。那時芬奈爾在樂團任定音鼓手，為了準備克利夫蘭音樂大賽，他把華格納的「紐倫堡的民歌手」序曲的每一條對位旋律都背得爛熟，他後來回憶，音樂理論課、樂團練習和華格納的音樂是他最熱愛的。

很多人之所以選擇某一行業為職志，往往是因為青年時期受師長或學習環境的影響，芬奈爾在高中時期就在音樂中找尋他的理想，也在暑期中參加因特拉肯（Interlochen）的音樂營，1931年夏天參加音樂營的八週中，他立志要走音樂家的路，而且要成為一位指揮。

由於當時任紐約羅徹斯特大學伊斯曼音樂院院長的韓森（Howard Hanson作曲家、指揮家）每年都擔任全國高中交響樂團的客席指揮，因此芬奈爾也多少認識這所學校，想進入伊斯曼就讀，但是他的入學申請卻遲遲沒有下聞，直到高中畢業那年暑假，在因特拉肯音樂營中，在韓森指揮下擔任打擊樂手演奏他的第二交響曲，也許是這個原因，他得以成為首位主修打擊樂器學生進入該校就讀。

在高中時期就已十分活躍的芬奈爾，進了大學當然不甘寂寞，音樂院裡的音樂廳，小型演奏廳都是他奢望很久的，然而使他技癢的卻是看到羅徹斯特大學新校區的新體育場的照片，身為新鮮人的他竟然說服體育總管讓他組一個行進樂隊，開始了他在伊斯曼領導樂隊的第一步。

　　行進樂隊在學校大出風頭，隊員們大受鼓舞，有人建議何不成立一支室內管樂團，於是在 1935 年 1 月 25 日，「羅徹斯特大學交響管樂團」舉行了首次音樂會，也是芬奈爾首次指揮室內樂隊。韓森院長希望他們在音樂院裡的音樂廳再演一場，並改名為「伊斯曼音樂院管樂團」，此後二十六年他都是這支樂團的指揮。當時在學中的他，還是主修打擊的學生，1937 年他成為該校第一位得到打擊演奏文憑的畢業生。

　　畢業之後，芬奈爾考入聖地牙哥交響樂團，但仍把許多心力和時間放在指揮上，1938 年間還得到一筆獎助金，到奧地利薩爾茲堡莫札特學院，向佛特萬格勒等大師學習，也有機會一睹歐洲樂團和歌劇院的真貌。

　　返回羅徹斯特，他面臨一個值得思考的問題，那就是管樂團沒有足夠、適合的曲目，雖然有一些改編曲，但是想找一些原作音樂，簡直如鳳毛麟角；另外管樂團的編劇不斷擴張，到這時已有九十八人！但編制卻很不合理，完全無法獲得正確的平衡。這兩個問題其實自有管樂團起就存在，也一直在芬奈爾的腦中盤桓不去。這其實就是他 1950 年代創立「伊斯曼管樂合奏團」（Wind Ensemble）和致力於徵求更多好的管樂作品的動機。

　　為了學習更高的指揮技術，1942 年參加由波士頓交響樂團名指揮庫塞維斯基主持的「唐格塢音樂中心」，向大師學習，同期中還有伯恩斯坦，庫氏可以說是對他指揮上影響最大的人。

　　1942 年美國正式參戰，使得很多計劃卻被打亂，芬奈爾在幾年的歷練之後，到了 1950 年代，在伊斯曼管樂團漸得心

應手，也小有名氣。經過幾年的思考和實驗，他終於在這時找出一條管樂合奏團的道路。

那時伊斯曼管樂團已經上軌道，也一直得到韓森院長的支持，但是管樂團中日益擴張的編制，致使它失去一種可經常掌握的相同音色，每年當學生畢業，新生進來時，編制可能又有所變動，雖然這種情形對管樂團來說是司空見慣的事，但芬奈爾卻一直想要從中找到突破點。他回想起到維也維研習的往事，那時維也納的小合奏團演奏莫札特的小夜曲等音樂，使他對管樂團的曲目音色開了眼界，和他原本在伊斯曼所受的訓練有些出入。於是在 1951 年他靈光乍現，安排了一場偏向小編制的管樂演奏會，曲目包括十六世紀初威尼斯樂派的加布里埃利的銅管合奏曲、貝多芬的長號四重奏「哀歌」，以及莫札特和理查史特勞斯的小夜曲，最後以史特拉汶斯基的管樂交響曲結尾，在音樂會中並邀請音樂院中的學者教授參加，並由他們對樂團作解說，結果得到極好的反應。

這場音樂會事實上與其說是「管樂團」或「管樂隊」的演奏會，倒不如說是擴大的室內樂演奏，因為加布里埃利的純銅管，莫札特和史特勞斯只用了十來件樂器，史特拉汶斯基也只用交響樂團中的管樂部分（沒有薩克斯風族）。1951 年底，芬奈爾因急性肝炎往院休養，對於自稱從青少年時期起就沒有真正放過假的他來說，不失為安靜思考的機會，在養病的那幾天他找到一些以前從未有的答案和方向。經過前面那一場音樂會之後，他覺得應該有一個只包含木管、銅管和打擊組，編制較小的團體，但要能演奏從十六世紀的銅管樂，到現代編制的室內樂，以及興德密特的新交響曲，他參

考英國軍樂隊的編制，再加上史特拉汶斯基的管樂配器，如此一來，每一聲部幾乎都由一人擔任（豎笛組除外），這樣就可以得到像管絃樂團中管樂組的純淨音色。甚至在座位的安排上也是和後者一樣採「排排坐」的橫列法，和大管樂團的大馬蹄形成半圓形不同。對於這樣的組合效果，芬奈爾雀躍不已，因此決定取個新名字：管樂合奏團（Wind Ensemble）。

1952 年 9 月的某一天下午，伊斯曼音樂院院長韓森先生去看芬奈爾，在他即將卸任院長之際，問問芬奈爾可有什麼事他幫得上忙的，於是芬奈爾便把自己組織新團體的計畫向院長報告，在短暫的考慮之後，韓森決定支持他的計劃，於是「伊斯曼管樂合奏團」便在當年 9 月 20 日開始它第一次的練習。隨即在那一學期中參加一些電台的表演，到 1953 年 2 月 8 日正式公開的第一次音樂會，並於 5 月 14 日灌錄第一張唱片，也就是「水星」唱片系列的發軔。

伊斯曼管樂合奏團在芬奈爾的領導下，每週作四次各一個鐘頭的練習（星期一、二、四、五），星期三則維持原來的大管樂團練習，從他們的第一張唱片錄製巴伯、班乃特等美國作曲家的原著管樂音樂開始，就一直不斷推介真正的管樂音樂作品，也鼓勵更多的創作，經由水星唱片的傳播，對二十世紀管樂發展當居第一功。水星的六十張唱片一直是管樂界的範本，而當年合奏團中的學生中如今多成為美國各大樂團的音樂家或大學教授，前洛杉磯愛樂低音號羅傑‧波波（Roger Bobo）和現任伊斯曼管樂團指揮漢斯伯格（D. Hansberger 當年吹上低音號）是早期團員中的佼佼者。

芬奈爾加上伊斯曼，可說是管樂界的一支尖兵，在以往

以軍樂隊為主軸的管樂界，漸漸地被以演奏純粹管樂合奏音樂（不只是進行曲或改編曲）的伊斯曼合奏團取代，他們灌錄的唱片，幾乎涵蓋所有文獻上有份量的管樂作品，拜現代唱片科技及廣播之賜，影響可說無遠弗屆，除了水星之外，他們也和一些其他的唱片商合作過。

　　而芬奈爾本人，和他的故鄉 —— 克利夫蘭，以及在該地的 Telarc 唱片公司，也有一段可書的歷史。1978 年，該公司有意和他合作錄製管樂團的音樂，樂團是美國十大樂團之一克利夫蘭管絃樂團的管樂和打擊組，再加上一些加請的演奏者。芬奈爾自小就仰慕這個故鄉的樂團，也在他們所演奏的音樂中長大，當然就一口答應。

　　另外值得一提的是，數位式的錄音技術剛剛發明，這次的錄音可說是美國第一次用新技術錄製大樂團的唱片，在沒有真正的練習的情況下，這些演奏家奏出極高的水準，而新的錄音不只讓芬奈爾大為震撼，在市場上也獲得很好的評價，這張 Telarc-cd80038（CD 為後來製作）以芬奈爾加克利夫蘭加新技術，當然比伊斯曼時期的三支麥克風錄音更為精進，他的曲目 —— 巴哈幻想曲，韓德爾皇家煙火及霍爾斯特第一、二組曲，至今還鮮有演奏能匹敵。在兩年間他們一共合作三張唱片。

　　在伊斯曼服務了三十年之後，芬奈爾於 1980 年代初退休，1984 年日本佛教組織「佼成會」贊助的「佼成管樂團（成立於 1960 年）以優渥的待遇將他禮聘為常任指揮，這對原本就很有管樂隊基礎和普遍性的日本來說，正是更上層樓的大好機會。他除了繼續開發新的作品，也把以前在伊斯曼錄過

的曲目，以日本最先進的錄音，和佼成重新錄製。1985 年推出第一張唱片時，製作人還把他帶到 NHK 電視台，化裝成十八世紀宮廷樂師的模樣，和巴哈的作品倒是很搭調。到目前為止，也已經有二十幾張 CD 在日本發行。

1989 年芬奈爾率領該團，參加在荷蘭舉行的世界管樂大會（WASBE）演出，也在德、法、瑞作巡迴演奏，在樂隊的發源地歐洲得到極高的讚美和評價。

1992 年我國主辦「亞太管樂節」，曾邀請他指揮各國代表合組的青年明星團，在國家音樂廳的演出為整個活動帶向最高潮，近年來他也曾二度來台指揮「省交附設管樂團」。

在日本，為了表彰芬奈爾對二十世紀管樂發展所作的貢獻，在甲府地方新建的音樂廳，特別以他的名字為名獻給他，這對一位音樂家來說真是莫大的殊榮。

雖已年逾八十，他還是不倦的為管樂付出，也藉著由芬奈爾夫人主持的路德維出版社（Ludwig）出版經由他校訂的管樂作品，1995 年在日本濱松舉辦的世界管樂大會，是筆者最近一次和他相見，這位八旬老人在展覽會場為太座「顧店」，在為他的新書簽名之際，他說他將指揮到不能動為止！

後記：芬奈爾於 2004 年十二月逝世於美國佛羅里達州。

天賜的樂章 ── 莫札特管樂小夜曲

　　大家對十年前的電影「阿瑪迪斯」一定記憶猶新，在片中充滿莫札特的各類偉大的作品，其中最讓我感動的，首推《安魂曲》，也許是因為這闋為人最終回歸於神而作的音樂，所隱含的大悲大喜，正貼切的反映莫札特天賜的（Amadeus）天才與悲劇。

　　另一段電影中最美的音樂（至少最吸引我的），是他指揮一群宮廷管樂手，為貴族們演奏的曲子，在很短的序奏之後，雙簧管吹出一句很美的旋律，接下來豎笛的答句更迷人，雖然這個場景在電影中不過一、兩分鐘，但這兩句卻令我感動，而且縈繞於心，久久不去。其實這才是痛苦的開始！因為不知道它是什麼曲子，莫扎特的交響曲、協奏曲、鋼琴曲，或絃樂四重奏，大都常被演奏，因此耳熟能詳，要不然也不難查知。但是當時的我卻陷入一種茫然，可巧的是和「阿瑪迪斯」先後推出的另一部電影「遠離非洲」（Out of Africa），用的配樂也多為莫扎特的作品，尤其是「豎笛協奏曲」的第二樂章，那美麗又有點蒼白的旋律，總是出現的恰到好處。這兩部也是我在花都巴黎看過的「唯二」部電影，初到異國，除了應付入學、考試、生活之外，念念不忘的就是「阿瑪迪斯」的那兩句旋律。

　　剛辦妥圖書館的借書証，就到各區分館「全面搜捕莫札特」，在一番尋尋覓覓之後，終於，找到它了！當我那音響不怎麼樣的 LP 唱盤，轉出那兩句旋律時，心裡真有一種莫名興奮，原來是莫札特的《第十號小夜曲》（Serenade No. 10 K. 361）。

　　說起小夜曲，大家對他的《絃樂小夜曲》K.525 一定不陌生，聽過的人多能哼唱幾小節，不過他用的是德文標題：Eine（一首）Kleine（小）Nacht musik（夜曲）。在諸多如嬉遊曲（Divertimente）和小夜曲的曲目中，有三首是純爲管樂寫作的，另兩首是第十一號（K. 375）、第十二號（K. 388）。

　　小夜曲這種形式的音樂，和同時期的嬉遊曲很類似，是以娛樂爲主要目的的器樂，通常是爲十人左右（或更少）的絃樂器、管樂器或混合團體所作，很適合戶外演奏；包括數個（三到十）短的樂章，其中以小步舞曲、進行曲及奏鳴曲式的樂章較常見。

　　第十號小夜曲，寫於 1781 年，又名「大組曲」（Gran Partita），雖然據考証，這個標題並非出自莫札特之手，而是後人所加，還是沿用至今。編制爲雙簧管二、豎笛二、巴塞管（豎笛族的中音樂器）二、低音管二、法國號四，再加一把低音提琴。根據冠歇爾（編莫札特自錄作品的人）在他的目錄中寫道：莫札特並未在總譜中註明到底要用低音提琴或是倍低音管，只寫用「倍低音樂器」（Contra Basso），但是縱觀全曲中不時出現的 arco（用弓）Pizz（撥奏）記號，無疑指的是低音提琴，但是也有些團體爲了「貫徹」管樂合奏的音響而用倍低音管。全面共分七個樂章：1.緩板 —— 極快板，

2.小步舞曲，3.慢板，4.小步舞曲，5.浪漫曲：慢板，6.主題與變奏，7.終曲：甚快板。這樣的組合似乎有些不太尋常，根據當時的習慣推論，可能是一種可選擇演奏的組曲，因為那個時代，連交響曲也不見得常常從頭到尾奏完，以本曲的開頭第一段作序奏，再搭配中間的一段小步舞曲或慢板，最後以末章的終曲作結尾演奏也不無可能。

　　這首小夜曲被視為莫札特此類作品的巔峰之作，他充分運用各管樂器的極限，彰顯獨立的特色，又不忘整體的協調，並利用大合奏與重奏的交替，作出如萬花筒般的變化，兩百年來一直是後輩師法的最佳範本，如果對照一下理查·史特勞斯的小夜曲，就不難發現其一脈相傳的路徑。

　　相對於第十號，第十一號小夜曲則有一段有趣的故事，1781 年在給父親的信中，莫札特寫道：「現在已是夜裡十一時，我正伏案作一首為兩支豎笛、兩支低音管和兩支法國號所寫的小夜曲，本來是為了『聖泰端莎日』所作，在宮廷畫家希可（Hickel）的家裡首演。六位演奏者都很稱職，但是我寫這曲子真正的目的是希望史塔克先生（Strack－宮廷管事，和前者一樣都是在宮裡有影響力的人）每天來走動走動的時候，可以聽到我的作品，所以，這一首是有點嚴肅的。」無疑的指的正是這首 K. 375，原先的六重奏經莫札特改寫成八重奏，也就是今天較常見的版本。

　　這首小夜曲以傳統的五樂章嬉遊曲式寫成：1.莊嚴的快板，2.小步舞曲，3.慢板，4.小步舞曲，5.快板。開始的降 E 大調和弦開始的序奏，就是莫札特稱之為「嚴肅」的原因，而這和絃是他正要寬衣就寢時想到的（信中所提）。

　　兩首小步舞曲則有不同的曲趣，第一首以號曲式的動機開始，中段色彩趨暗，且用對位手法寫成；第二首小步舞曲的動機則是安靜的曲調，中段爲合唱風且較堅實。中間的慢板是各種樂器各一支的四重奏；終曲又回到嬉遊曲的明快風格。

　　在莫札特短暫的一生中，成就了數以百計的作品，在樂器的運用、組合方面更勇於創新，他甚至寫過給兩支長笛、五支小號和四個定音鼓的嬉遊曲，也寫過給長笛、隻簧管、中、大提琴和「玻璃口琴」的輪旋曲。1781 年到 1784 年正是他對管樂合奏最熱中的時期，他所留下的作品除方爲有志者引爲典範，也爲那個時代的聲音留傳成今日人類文化最珍貴的瑰寶。

　　欣賞唱片：Mozart: Serenace K. 361 ORFEO, 8175 K. 375, She Hield （芝加哥樂團管樂組）Salon Series, SL 506。

二十世紀管樂先驅 —— 霍爾斯特

　　提起霍爾斯特（1874-1934）這位英國作曲家，愛樂的朋友一定不會感到陌生，他的名作《行星組曲》已成為二十世紀最重要的管弦樂曲之一。以太陽系中的七大行星為題（地球除外，當時尚未發現冥王星），依占星學上各行星不同的性格寫作組曲，在本世紀初確是相當新穎的作法。而在這音樂中所包含的多樣特質和多彩的管絃樂法，有人說在八十年後的今天，將它用於太空電影的配樂，還絲毫不嫌過時呢！

　　霍爾斯特以這首「行星組曲」，為幾百年來一直落後於歐陸的英國作曲界爭了一口氣，也對二十世紀的英國作曲家產生了很大的影響。不過，大家已許不太知道，他的幾首為管樂團所寫的音樂，包括兩首《組曲》、《鐵匠》（前奏曲與詼諧曲）、《摩賽進行曲》，對管樂音樂或管樂團來說，才真是具有劃時代的意義。

　　霍爾斯特生於 1874 年，祖先是瑞典人，從祖父以降，到父母親都是音樂家，因此他很小就在母親嚴厲的教導下學習鋼琴，十七歲時就曾指揮鎮上的合唱團演唱，父親也鼓勵他嘗試作曲，靠一本白遼士的管弦樂法，學得一些管絃樂配器知識。後來為右手神經炎所苦，父親知道他不可能成為鋼琴家，因此更希望他走作曲的路。1893 年霍爾斯特考進皇家

音樂院，隨史丹佛學作曲，同時修習長號。學生時代的他並不很出色，但卻勤奮用功，那時他對華格納的音樂十分狂熱，所以他早期的作品受到華格納的影響，充滿著半音和聲及複雜的對話，而鋼琴曲等小品則接近孟德爾頌和蘇利文（英國作曲家）的風格。1895 年結識弗漢威廉士，這兩位同輩也稱得上同學的年輕人，自此常常互相切磋，演練對方的作品。

　　另外，他在音樂院學長號，也常在劇院吹奏默劇音樂，甚至到港區表演，賺點零用錢。畢業之後並以此維生，先後在卡爾羅沙歌劇院和蘇格蘭交響樂團吹奏長號，後來因為樂團實在太過於忙碌，演出佔去太多的時間以致於無法專心作曲，只好放棄長號。

　　1905 到倫敦聖保羅女校任教，但是學校的工作也很辛苦，已耗去他大部分的精力，因此只能利用周末和假日從事作曲，那時好友弗漢威廉士已經開始作民歌採集的工作，霍爾斯特採用民歌的素材，創作了管弦樂《薩墨塞特》（Somerset 英國西南部郡名）狂想曲，民歌簡樸的節奏，以及運用的調式和聲，倒是把他原來的華格納式半音和聲一掃而空，自此他巴較多的注意力轉移到民歌上。

　　1909 年所寫的第一組曲（Suite in Eb），雖然不是全盤自民歌移而來，卻也具備了民歌的風格，第一樂章夏康舞曲，建立在古老的曲式上，作十餘次的變奏；第二樂章是優雅、對位風的間奏曲，第三樂章則是進行曲。這首組曲的問世，可說是英國管樂音樂的重要紀事，它可說是第一首專為管樂團所寫的作品。

　　為什麼這首作品，在英國有特別的意義呢？原來自十八

世紀工業革命以來，中產階級增加，在整個十九世紀音樂也逐漸走向平民化，如果說沙龍音樂會的鋼琴和室內樂演奏是達官貴人們的風雅消遣，那麼民間組織的管樂隊就是中產階級百姓的娛樂。從社區到工廠，學校到處都有樂隊，不過十九世紀的管樂隊，都是演奏改編自管絃樂或鋼琴，歌曲的音樂，直到霍爾斯特這首作品的到來，才開創了新的局面。

在第一組曲獲得好評之後的 1911 年，他又寫了 F 調第二組曲，這次用的素材幾乎全是民歌，分別是 I〈進行曲〉，II〈無言歌〉，III〈鐵匠之歌〉，IV〈達哥生幻想曲〉，這一樂章裡用了英國最膾炙人口的民歌《綠袖子》和達哥生民歌主題，交替成對位的織體，十分動聽。

霍爾斯特的音樂的主要特質是率直的表現，真是樂如其人，他生性不拘小節，不喜因襲舊制，身為老師，他也不喜歡教科書和考試，而尊崇美國教育家杜威所揭櫫的 "從做中學" 的理論。我們在他的兩首組曲中，特別能感受到那種樸實無華的氣質，卻又真誠地將他的音樂理念表露無遺。在他主要的作品中，大概可窺出來自兩方面的影響，一是前面所說的民歌，讓他找到返樸歸真的路；另一方面則較不為人知，那是來自印度的哲學思想，他在年輕時就接觸印度文化，還到大學裡修梵文課程，甚至自己翻譯梵文作為歌詞。在《行星組曲》裡最受歡迎的〈木星〉，無疑的取材於民歌；而終曲〈海王星〉則帶我們進入一個東方的冥想世界，深邃而幽渺，那種意境在當時的音樂裡是很少見的，比之德布西善於寫景的印象派手法，多了一點對人類心靈深處的探求。

在管樂作品中，1930 年所的《鐵匠》（Hammersmith 倫

敦區名），也或多或少帶有那種不確定的因子，除了上面所說來自東方的影響之外，自 1920 年代起在作曲手法上，他又回歸以前所熱衷的對位，在這首曲子裡更運用了複調（兩種調性同時存在）和多重節奏（不同的拍子同時進行）。雖然在歐陸早有史特拉汶斯基那種複雜多變的音樂。但是在英國並不那麼先進，更何況是寫給管樂團的作品，因此雖然這首曲子是應 BBC 廣播公司的樂隊而寫，但 BBC 並未演出該作品，次年作者又將它改寫爲管弦樂，才爲人所知，後來並成爲研究霍爾斯特晚期作品的重要曲目。

由於霍爾斯特開風氣之先，繼之以弗漢威廉士、傑可布（Gorden Jacob）等英國作曲家，爲管樂團寫下許多經典作品，直接影響大西洋彼岸的美國，在二次大戰之後，有更多的作曲家把這種純粹由管樂器組成的團體，當成表現嚴肅音樂的媒體，造成二十世紀後半葉管樂音樂以及管樂團蓬勃的發展。

在這裡向愛樂的朋友介紹兩張霍爾斯特管樂曲的 CD，分別由美、英兩個合奏團體演奏：芬奈爾指揮的克利夫蘭管樂合奏團，以克利夫蘭管弦樂團的管樂團員爲班底（TELARC CD-80038）；另一張由前倫敦交響樂團首席長號韋克指揮，集結了倫敦集團及菲利浦瓊斯銅管樂團的演奏家，依照霍爾斯特原版本演奏，另外，還收錄《鐵匠》，是很值得一聽的錄音（AS/CD-QS 6021）。

三位一體的管樂巨擘 —— 葛人傑

　　在有關管樂音樂的文獻中，葛人傑（Percy Grainger 1882-1961）這個名字，往往佔了不少的篇幅，雖然他的作品並不是以管樂曲爲主，但是他的曲風卻影響二十世紀作爲管樂重鎮的英、美兩國，甚至長久以來位處西方音樂邊陲的澳洲大陸。其實葛人傑在音樂史上留下的，兼具鋼琴家，民歌採集者、作曲家三種身分，在這三個領域裡，他都佔有不容忽視的地位。

　　葛人傑 1882 年生於澳洲墨爾本附近的小城，到他已經是來自英國的移民家庭的第三代，自幼隨母親學鋼琴，也上過墨爾本音樂學校，十三歲時移居德國，本想投入舒曼遺孀克拉拉門下習藝，只可惜當時她年事已高，不再收學生，又於翌年去世，這一夢想落空，葛人傑只好進法蘭克福音樂院，並開始學習作曲。1901 年，正好二十歲的他，在倫敦展開鋼琴演奏家的生涯，往後幾年他的演奏活動以倫敦爲中心，足跡也遍及歐陸、斯堪第那維亞諸國、澳洲、甚至南非。在倫敦也結識了弗漢威廉士、霍爾斯特等人。也許是受了世紀初一股民歌採集熱的影響，他世在 1905 年加入「民歌協會」成爲致力民歌採集的一員，如同他的前輩弗漢威廉士和霍爾斯特一樣，民歌在他們的音樂生涯中成爲創作的活水源泉。同

樣在世紀之初，遠在匈牙利，比他年長一歲的巴爾托克也由鋼琴家的身份投身民歌採集工作，也是一種巧合吧，音樂史家並沒有忘記他們爲保留人類音樂遺產所作的貢獻。

當時演奏家聲譽如日中天的葛人傑，大多利用暑假期間音樂會比較少的空檔，下鄉從事民歌採集工作，這位在葛利格眼中，他的 a 小調鋼琴協奏曲的最佳詮釋者，相較於今日的演奏家忙著趕場似的活躍於夏令營、音樂節等活動，他爲挽救英國民歌湮沒失傳所作的努力，就特別教人肅然起敬，他對這項工作所投入的心力和熱情（幾近狂熱），絲毫不亞於鋼琴演奏。

這項採集工作始於 1905 年夏天，他深入鄉下，以步行一個小鎮接一個去找尋民歌之源，用他特有的音樂速記法記下詞譜，晚上回到旅館之後才加以整理。往往有些十分出色，帶有濃厚個人色彩的演唱者教他感動，以致於即令像他這種受過正統訓練的音樂家，也無法記錄出那迷人的細膩表情變化。常爲那些演唱者的個性而動容，對他們毫無束縛的創造力感到興奮和訝異；也羨慕他們可以擺脫學院派或歌劇院式的桎梏。1906 年他再度造訪令他最感興趣的北林肯郡，並帶著當時最新型的留聲機。如此一來必能百分之百的忠實於這些「歌王歌后」的原音。無論是歌詞、方言、曲調、音高、節奏都可一網打盡。這一次所採集的民歌收在他最著名的管樂團中，那就是《林肯郡的花束》（Lincolnshire Posy），但是這一管樂組曲，要等到 1937 年才問世。

在倫敦的那幾年裡，葛人傑也發表了一些作品，包括室內樂、合唱、鋼琴各方曲，其中管樂曲有《丘陵之歌》兩首

（Hill Song No.1 & 2），這兩首都是創作曲，並未採用任何民歌旋律，其中第一號（1901 作）用了短笛兩支、英國管、雙簧管、低音管各六支和低音提琴，以雙簧樂器爲主，很特別的編制。而第二號《丘陵之歌》（1907 作）則較爲人所熟知，編制和前者很類似，是由二十四位單簧、雙簧樂器獨奏者爲主所組成。據作者自己的說明，這首曲子早在 1900 年就在他腦中構思，那是在他遊歷蘇格蘭丘陵地之後，對風笛的聲音念念不忘（這是他最喜歡的音色），那時他腦海也常浮現東方雙簧樂器的聲調（嗩吶？），因此運用這樣的組合，企圖再現那種綜合的音響，它的編制應該近於室內樂，而且似乎是空前龐大的室內樂。英國作曲家戴流士（F. Delius），葛人傑的好友，也是個愛山者，有感於這首音樂獨特的美，也寫了一首《高丘之歌》（Songs of the High Hills），戴氏稱他的音樂在描述人們對山的好奇之情；而葛氏則說自己的作品並不在描摹人的感覺，而是讓山自己表達自己。

　　身爲民歌採集者，葛人傑曾將數百首民歌編配成各種不同的演奏型態，以英國人自認爲是世上最美旋律的《德里郡的愛爾蘭調》（Irish Tune from Country Derry），就是大家所熟知的《秋夜吟》或《丹尼男孩》，他分別作了絃樂團和管樂團的編曲，是被演奏最多的版本。

　　1914 年葛人傑移居美國紐約，擔任葛利格鋼琴協奏曲的獨奏者，和紐約愛樂在美國多個大城中巡迴演出。第一次大戰期間在美國陸軍樂隊服役，也擔任過軍樂學校教官，並在許多個軍樂隊中指揮演奏自己的作品。大戰結束之後結識了美國著名樂隊指揮苟德曼（F. Goldman），這位擁有自己樂隊

的作曲家，同時也是美國管樂協會的創始人，和葛氏成為莫逆之交，葛在美國的管樂作品幾乎全是為他的樂隊所寫。

1937 年受苟德曼之託，寫了他最具代表性的作品－林肯郡的花束，如前所述，他是運用 1905 年所採集的民歌為素材編製而成，雖然取自民歌，但是和十九世紀國民樂派作曲家們的風格不同，比較接近巴爾托克和高大宜的作法。音樂的語法、樂器的運用以及音色的營造都大大不同於同時代的管樂作曲家。他一生都揭櫫一種他稱為「自由音樂」的風格，旋律、節奏和織體，都渴望自傳統的音階、節拍及和聲的束縛中解放出來。在這組曲中處處可見回歸民歌風格純樸自然的手筆，音樂返璞歸真到它原來的形貌，不再被限制在小節的死框框中，尤以第二、三、五段為最出色。葛人傑曾提到，他寫這首組曲，各個不同的曲子不只表現相異的民歌曲風，更重要的是反映當年唱這些歌的歌者們的精神面貌（他曾在採歌本上畫出他的唱歌的神情！）

1. 〈里斯本〉（Lisbon），林肯郡東北部小鎮名，是一首水手歌，六八拍子，以調式音樂風格寫成，手法簡潔。

2. 〈霍克安農莊〉（Horkstow Grange），悲劇性的敘事曲，合唱般的風格，和聲色彩獨特。

3. 〈拉弗公園的盜獵者〉（Ruttorol Park Poachers），我認為它是其中最美的一首，全曲變換不斷的拍子記號，使音樂展現原始的旋律線條。另外，這曲子中間很大的段落竟然有兩種不同版本，原因是當時演唱者泰勒先生，實在太出色，一共唱兩種不同調，而葛氏又不忍割捨其中之一，只有將它們各作一個調性、配器都不同的版本，不過演奏者還是得在

魚與熊掌間抉擇。

4. 〈活潑的年輕水手〉（The Brisk Young Sailor），一首乾淨俐落的音樂，以木管合奏為主體，風格近似莫札特和古諾的管樂室內樂。

5. 〈墨爾本王〉—— 戰歌（Lord Melburne, War Song），這一首，不只曲如其名，是一首雄渾的戰歌，更絕的是主題銅管合奏部分，完全按照「歌詞」唸起來的抑揚頓挫所產生的節奏寫成，最能表現作曲家所標榜的自由風格。

6. 〈尋回失蹤的女士〉（The Lost Lady Found），舞曲形式，按原本九折情節的故事在同一主題上作九次不同的和聲和編配，最後一段則以鐘鼓齊鳴慶賀這位女士歸來，饒富趣味。

這組作品就像由六朵美麗的花所組成的花束，不只在管樂文獻中是經典之作，甚至在整個嚴肅音樂的範疇裡都有它一席之地，在葛人傑近千首作品（包括民歌整理編配）中，還有一些較為人知的管樂曲：

民歌改編：

Shepherd's Hey

Molly on the Shore

Let's Donce Gay in Green Meadow

The Nightingale and the Two Sisters.

The Duke of Marlborough（銅管）

原創作曲：

Colonial Song

Children's March

Marching song of Democracy

The Power of Rome and the Christian Heart

有關葛人傑的管樂作品 CD：TELARC CD-80099

Mercury 432-754-2

國民樂派的管樂作曲家 ── 弗漢威廉士

　　十九世紀「國民樂派」的音樂，一直是全世界樂團最常演出的曲目，在國內尤其受到歡迎，從穆梭斯基的《展覽會之畫》，林姆斯基‧高沙可夫的《天方夜譚》到史梅塔納的《莫爾島河》都很容易引起人們的共鳴，所以國民樂派作曲家的作品，最常被各樂團選為巡迴演奏的曲目，不信各位回家翻翻外國樂團來台演出的節目單就知道了。奇怪的是這類的音樂到處都受歡迎，有點「放諸四海而皆準」的行情。原本為了和歐洲「主流」音樂相抗衡，不願依樣畫葫蘆，因而採用本國民歌為素材，刻意強調民族風格的音樂，反而能衝破國籍藩離，可見「本土化」和「國際化」有時候並不是背道而馳的。

　　基本上，「國民樂派」這個名詞是歐洲（指的是音樂藝術發展較早的英、法、德、奧、義諸國）人對十九世紀東歐、北歐、俄國的那些富有民族色彩特質的作曲家的歸類。事實上中歐諸國的某些作曲家，也稱得上「國民樂派」，如以採集的本國民歌為本，加以潤飾改作，甚至只作為動機或是民歌精神的投射，都和所謂「國民樂派」的作曲家很接近，只不過他們用的和聲、節奏或配器比較遵循歐洲人的美學要求，不那麼濃烈突兀。先前我所介紹的兩位英國作曲家霍爾斯特

和葛人傑，在某些作品中多少有些國民樂派的風格。

　　再此要介紹的另一位英國作曲家弗漢威廉士（Vaughan-Williams, 1872-1958 其實這只是他的姓，名字是拉夫 Ralph）則被認為英國國民樂派的代表人物。他和前面兩位作曲家有許多共通之處：他們都曾從事民歌採集工作，並在世紀交替的時代寫下管樂團的經典作品。

　　弗漢威廉士生於英國西南的格洛斯特郡，畢業於劍橋大學的皇家音樂院，並得到博士學位，後來又到柏林，隨布魯赫（Max Bruch）學習，在他寫了多部作品之後，還到法國向比他年輕的拉威爾請益。

　　除了蒐集英國的民歌之外，弗氏對英國十五、六世紀的音樂作過深入的研究，這些古樂曲的對位手法被他運用在民歌的基礎上，揉合成他獨特的風格。由於民歌和古樂的雙重影響，他的作品，尤其是早期的，曲調十分簡樸，但是具有寬度，類似伊麗莎白一世時代的牧歌，以及普賽爾（十世紀英國作曲家）的作品，有點返樸歸真的味道．當然在和聲上他也不追逐華格納或德布西那種華麗多彩的和絃運用，而崇尚簡單平實的運行。試圖從長久以來被德義音樂霸權所統治中解放出來，創造出真正的英國音樂。事實上，英國樂壇自普賽爾之後（如果歸化英籍的德國人韓德爾不算的話），直到十九世紀末都沒出現過什麼舉足輕重的作曲家，到了霍爾斯特和弗氏這一輩手中，才稍見振衰起弊之力。

　　弗氏這種尚古的作風，把他歸為「新調式派」，也就是說他的音樂中採取三、四百年前調式音樂的手法，和當時歐

陸的音樂大相逕庭[4]，有如英倫和歐陸一海之隔似的，弗氏置身其外，儼然「清靜自然，無為而治」的襟懷。

　　我本身對弗漢威廉士的音樂，特別是早期的那些作品，很有好感，如泰里斯主題幻想曲和雲雀飛翔（Lark Ascending），這首為小提琴和樂團所寫的曲子，在樸實中透著溫暖，其中大部分旋律是五聲音階，聽來十分親切。在許多音樂欣賞的講座中，我都會請在場的聽眾猜猜看，它是中國曲還是外國曲，往往都是答錯的人佔多數！

　　弗漢威廉士不像霍爾斯特那樣，他直到五十來歲才為管樂團作曲，1923 年應皇家軍校校長之請，他以自己採集的民歌，寫了一首《英國民謠組曲》，由皇家軍校樂隊首演，全曲共分三段，第一、三都是進行曲，第一段所選用的民歌是〈下星期天十七歲〉與〈美麗的卡洛琳〉，這是二四拍子和六八拍子交替的進行曲，洋溢著樂觀進取的精神，又保有民歌不矯揉造作的特質，很受人喜愛，在奧運會等場合，這首進行曲常被用來在英國隊進場時演奏。第二樂章，間奏曲採用〈活潑的男孩〉和〈綠灌木欉〉，這首間奏曲寫在多里安調式上，雙簧管奏出甜美的民歌主題，其中對位的線條簡潔而迷人，中段是略帶東方風味的小快板，是弗氏音樂中最吸引人的那種風格。第三段進行曲則由數首採集自薩墨塞特地區的民歌所編寫而成。這首組曲後來由英國作曲家戈登‧雅各（Gorden Jacobs）改編為管絃樂曲。

　　弗漢威廉士曾寫過九首交響曲，前面的幾首有些系統

---

4 世紀之交，華格納的音樂正雄踞全歐，法國音樂家以德布西的印象派和聖賞等人的精緻輕巧，和這股巨浪博鬥。

化，第二首名爲《倫敦》把倫敦繁忙的一天及多霧的情景描繪出來；第三首《田園》曲如其名，是英格蘭鄉下人的寫照：說話緩慢、喜歡民歌，而且性情安和－這正是作曲家本人所欣賞的，1922 年問世之後即大受歡迎。他的另外兩首管樂曲《雄壯的觸技曲》和《海之歌》是在第三交響曲和第四交響曲之間寫作的。《雄壯的觸技曲》是原創音樂，並未採用任何民歌爲素材，是一首結構嚴謹的作品，和十八世紀的鍵盤觸技曲一樣，全曲都充滿斷奏、有力的音符。在曲式上可媲美霍爾斯特的第一組曲的頭一個樂章(含有 16 個變奏的帕薩加利亞)，在和聲和節奏的運用上也較以往大膽，是二十世紀前半葉管樂曲的基石之一。另外就弗氏本身而言，這也是他轉型期重要的作品。原來他是一個不斷求新求變的人，在年過半百之後，又找到自己的新方向，有點像史特拉汶斯基，年屆不惑才迷上爵士樂。在此之前，他讓人沈緬於英國民歌甘醇的旋律裡，並配以天鵝絨般的襯墊。但是他的第四交響曲演出時，卻使許多原以爲它仍是霧濃之情的或民族風的人大吃一驚，因爲這首交響曲充滿了尖銳的不協和音，第四交響曲是他作曲生涯的轉捩點，他的聽眾無法再斷言他往後的作品會是什麼樣子。他試驗著運用不協和音，並將它與對位法中所用強而活潑的旋律結合在一起。他的管絃樂團早期作品中使用的低柔音色，轉變爲生動，甚至活潑。因此音樂學者對他前後截然不同的作風格，下了一個註腳，將他稱爲繼承人也是背叛者（heir and rebel）。

《海之歌》則由三首民歌連接而成 ──〈皇家王子〉、〈班波上將〉及〈朴資茅斯〉（地名）。是一首技巧比較簡單的作

品，作曲的手法清晰而有條理，沒有急管繁絃，傳達給人的是沒有負擔的感覺。

順便一提，在作曲家最後幾年的光陰裡，他竟爲樂隊裡最少技術表現的低音號寫了一首協奏曲，無論就音樂或獨奏技巧的表現來說都是上乘之作，也「平反」了低音號給人笨拙的印象，同時也開啓了後人的視野，爲這類樂器寫作更多的曲子。

有關弗漢威廉士的這幾首作品的 CD 很多，在此介紹幾張代表：

伊斯曼管樂合奏團：Eastman Wind Ensemble CBS MK44916

克利夫蘭管樂合奏團：The Cleveland Symphonic Winds TELARC CD-80099

倫敦管樂團：ASV CD QS 6021

進行曲之王 ── 蘇沙

　　不論中外，每逢慶典或是熱鬧的活動，總是少不了管樂
隊，從軍容壯盛的國慶大典、遊行、運動會、到馬戲表演，
如果沒有樂隊的演奏，勢必失色不少，就像沒有鞭炮聲的過
年一樣，總覺得少了點節慶的歡樂氣氛。在這些場合裡，又
以進行曲給我們最深刻的印象，進行曲節奏明快，旋律流暢，
配上管樂器燦爛輝煌的音響，讓每個人不由自主地受到感
染，而心跳加速（有時到進行曲的標準速度 ── 每分鐘
116-130 下），甚至血脈賁張，如果說音樂可振奮人心，那無
疑八成指的是進行曲。

　　也許您不知道，我們在慶祝活動、遊行，或收音機裡聽
到的進行曲，有很多都是出自同一人的手筆，他就是被譽為
進行曲之王的蘇沙。就像我們聽到圓舞曲時，八九不離十是
史特勞斯家族的傑作一樣，對於後者我們已多有認識，但對
蘇沙這位我們從唸小學時就聽他的進行曲進操場的作曲家，
似乎所知有限。

　　蘇沙（Jean-Philip Sousa, 1854-1932），父親是葡萄牙移
民，後來成為華盛頓海軍陸戰隊的隊員，母親則來自德國巴
伐利亞，由於父母皆來自歐洲，說不同的母語，因此家庭中
最共通的事物就是聖經。1861 年蘇沙六歲，開始學小提琴、

樂理及和聲，十三歲時隨父親進入陸戰隊樂隊的預科班，十七歲正式成爲軍樂隊的三等樂手。

十九歲退伍，到華盛頓劇院樂團演奏小提琴，1876年，法國作曲家奧芬巴哈到美國上演他的歌劇，蘇沙就是在他的指揮下演奏。在一個偶然的機會裡，蘇沙執起指揮棒擔任指揮，也逐漸以指揮嶄露頭角。1880年陸戰隊樂隊招聘指揮，年僅二十六歲的他，被錄用爲這個已有105年歷史的樂隊的第十四任指揮兼樂長。

這裡先簡略地介紹陸戰隊樂隊（Marine Band），這是美國最老的樂隊，成立於1775年，初期只是「鼓笛隊」，1801年，美國總統傑弗遜，封爲「總統御用樂隊」（The prisident's own），直到現在每任總統就職大典時，在白宮擔任此一重要任務的就是這個樂隊。

蘇沙接手之後，勵精圖治，首先向歐洲的英德法等國訂購大量樂譜，如華格納、白遼士、柴可夫斯基等人的作品，以提升演奏技術。並且把原爲三十人編制的小樂隊，擴充爲五十人。在他領導的十二年裡，這支樂隊成爲美國最好的樂隊，也是世上著名的優秀樂隊之一。

在那個時代，南北戰爭結束不久，百廢待舉，人民勤奮地自戰後重新開始，但是文化方面依然十分貧乏，人們也沒有什麼娛樂，於是音樂成爲休閒重要的一環，而現場演奏的樂隊，無疑是最受歡迎的。那時還沒有收音機和唱片，對很多人來說，這是唯一接觸古典音樂的機會，在美國演出的一些歐洲歌劇的音樂，也被改編管樂隊演奏。由蘇沙率領的陸戰隊樂隊到全美巡迴演出，所到之處都大受歡迎，人們都希

望一睹他的風采,並欣賞這支全美最好的樂隊。

在擔任陸戰隊指揮期間,他所寫的進行曲也漸漸受人們喜愛,此一時期比較重要的作品有《忠誠》、《雷神》、《華盛頓郵報》和《學生軍》等進行曲。

那時常有博覽會、鐵路通車、大建築落成等慶祝活動需要樂隊,蘇沙也嚐試售票音樂會的作法,為了更靈活地應付這些需求,他決定自組樂隊。

1892 年,蘇沙樂隊成立,象徵一個新的里程碑,和樂隊新紀元的開始。他除了率領樂隊在美國和加拿大巡迴之外,1900 年更代表美國,參加在巴黎舉行的萬國博覽會中表演,對美國音樂以及管樂隊發展有不可磨滅的貢獻。蘇沙樂隊的成功,在全美數以萬計的樂隊中獨樹一格,脫穎而出,自然有它的條件和特色。除了動人的蘇沙進行曲之外,華麗的音響、高超的演奏技巧、精心設計的曲目都與眾不同;另外他網羅了當時最傑出的獨奏家如小號演奏家克拉克(H. Clarke)、長號演奏家普萊爾(A. Pryor)以及女高音慕笛(M. Moody)等人,在音樂會中擔任獨奏(唱),也使蘇沙樂隊出色不少。

蘇沙在音樂上的成就,是在傳統的框框中,注入新的生命活水,使得進行曲這種源自歐洲的老曲式,在他手中脫胎換骨,並成為最能代表美國精練的文化表緻。在他的自傳中曾寫道:「作曲家的首要之務在製造色彩、力度、抑揚的變化,也要強調說故事的特質。」因此他的進行曲結構雖然簡單(多為大二段體,第二段稱為 Trio),但是他的旋律具親和力、節奏華麗多彩,有獨到的一面,對位旋律則是歐洲正式進行曲

中罕見的，另外每個段落，尤其是反覆部分絕不相同，使得蘇沙進行曲受到人們熱烈的歡迎和喜愛。在蘇沙樂隊期間的重要作品有自由鐘、首長、棉花大王、越洋情誼和星條旗永遠飄揚等名曲。

在此把他幾首最膾炙人口的進行曲，作簡單的介紹：

1.《忠誠進行曲》（Semper Fidelis, 1888）：這個標題取自陸戰隊的精神標語，意思是「永遠忠誠」，曾經作為陸戰隊進行曲多年。

2.《雷神進行曲》（The Thunderer, 1889），1886 年蘇沙受華盛頓聖堂騎士團（民間社團）封爵位的榮銜，在該會 1889 年的年會上，獻給這個組織，後段主題取自他所寫的鼓號曲。此曲是民國五十到七十年代，臺灣管樂隊學生「必修」的曲子。

3.《華盛頓郵報進行曲》（The Washington Post, 1889），著名的華盛頓郵報，於 1889 年舉行徵文比賽，特別請蘇沙作一首進行曲，以便在頒獎典禮中演奏。這首六八拍子的樂曲，正合那時流行的「二步舞」的風格，一時風靡全美，成為熱門的舞曲，倒是作曲家始料未及的。

4.《首長進行曲》（El Capitan, 1896），蘇沙除了寫作進行曲之外，還寫了十五齣小歌劇，這首進行曲的主題，取材於描述十六世紀秘魯總督故事的小歌劇。

5.《棉花大王進行曲》（King Cotton, 1895），為了當年在喬治亞州首府亞特蘭大舉行的「棉花州博覽會」而作，但主辦當局因財務理由，想取消為期三週的演出合約，但蘇沙堅持，並對音樂會深具信心，結果因賣座鼎盛而挽救財務危機，

這首曲子也紅極一時。

6.《星條旗永遠飄揚》（The Star and Stripes Forever, 1897），這首被譽爲「美國第二國歌」的進行曲，無疑的是蘇沙的代表作，也是世界名曲之一，專研蘇沙的樂團指揮布萊恩也曾在《演奏家》雜誌（Instrumentalist）中爲文詳述《星條旗永遠飄揚》的創作歷程：

1896年蘇沙赴義大利渡假，途中得知他的經紀人在紐約逝世，於是兼程返國，在船上由於思鄉之情難抑，身處異地，又備覺祖國偉大而溫暖，當他見到船上的美國國旗，激起他一股愛國愛鄉之情，隨之而來的是這首進行曲的旋律，返國之後的聖誕節那天完成了全曲的鋼琴譜。

第二年的五月十四日在費城音樂院首演，結果大受歡迎，觀眾要求再奏兩次才讓他下台，之後的演出都是佳評如潮，並且取代了《棉花大王》成爲人們最喜愛的進行曲。《星條旗》中的三個主題分別代表美國三個地區：主旋律代表北方，短笛獨奏代表南方，最後粗獷的長號代表西部。

蘇沙樂隊演奏會中一定有《星條旗》，他自己曾說：「如果你聽說我已厭倦指揮這首曲子，那我一定是死了」。伯恩斯坦說：「如果用我的右臂來換取寫得出這樣的曲子，我也願意。」紐約時報資深樂評家荀貝格（H. Schonberg）認爲它是寫得最好的美國音樂。作曲家在自傳中也認爲這是他最成功、最受歡迎的作品。

1987年，當時的美國總統雷根簽署一項法案，頒訂星條旗永遠飄揚爲「國家進行曲」（National March），可說是美國的第二國歌，是對這位進行曲之王最大的肯定和殊榮。

介紹三張 CD，分別由不同類的團體演奏：

1.芬奈爾指揮伊斯曼管樂團（寶麗金）

2.費德勒指揮波士頓大眾管絃樂團（RCA, 1-2593）

3.菲利浦瓊斯銅管合奏團（DECCA）

一甲子的滄桑

── 理查·史特勞斯管樂室內樂

　　西方的管絃樂團經過一百多年的發展，到了十九世紀末葉登上了高峰，就編制而言，從海頓、莫札特時代的三十件樂器，擴展到一百多件，尤以後期浪漫派的諸大師 ── 華格納、馬勒和理查史特勞斯（1864-1949），堪稱音樂史上最偉大的管絃樂巨匠。

　　管絃樂團的發展除了原有的絃樂器在數量上大大的擴張之外，十九世紀工業發達，使得諸多管樂器得以改良、創制，不但將舊有的樂器的功能擴充，使之更臻完善；同時也發明多種管樂器，雖然其中有不少只是如曇花一現，並未流傳下來，但是這一大革命，無疑是傳統管樂器最後一次的大改革，相較之下進入二十世紀以後，管樂器的變革可說是微不足道了。

　　後期浪漫派的大師們，在管絃樂團中製造出前所未有的絢爛色彩和無與倫比的豐沛音響，由於無暇兼顧，他們對室內樂或小編制的合奏就較少著墨，馬勒和華格納甚至極少這方面的作品，而史特勞斯倒有一些頗值一提的室內樂。

　　在他的室內樂的作品中，尤以管樂的小合奏最為人熟知，理查對管樂的熟知，似乎自年少就開始了，他的父親是

一位知名的法國號演奏家，任巴伐利亞皇家管絃樂團首席，他一直在音樂環境裡成長，四歲能彈鋼琴，六歲能寫短曲，歌曲乃至於管絃樂，可說是十分早熟的，1881 年他十八歲，還在慕尼黑大學就讀時（他沒唸過音樂院）就寫了一首《小夜曲》（Serenade, op.7），雖然在此之前，理查已經寫過好幾首作品，如《A 大調絃樂四重奏》、《D 大調交響曲》等，而且都曾正式演出過，但是促使他真正選擇以作曲家爲職志的，卻是這首爲十三件管樂器所寫的小夜曲（長笛、雙簧管、豎笛、低音管各二，再加法國號四和倍低音管），原來理查的第一位樂譜出版商曾將這首曲子的樂譜寄給當時在德國十分有影響力的指揮家漢斯、畢羅（Hans von Bulow，時任麥寧根宮廷樂團指揮），他對這首作品讚譽有加，並預言他將成爲自布拉姆斯以來最受注目的作曲家。1884 年間，理查造訪柏林，並親自參加了畢羅指揮他這首作品的音樂會。

這首小夜曲是以奏鳴曲的形式寫成，雖然早些年理查已接觸過當時橫掃全歐的華格納的作品，但十八歲的理查筆下，仍流露出來自孟德爾頌和布拉姆斯的影響，風格上還是編於古典式的浪漫。

經過這一接觸，畢羅也鼓勵這位年輕人再寫一首類似的作品，就是 1884 年問世的降 B 大調組曲，但是這曲子卻編在作品表第四號，原來在小夜曲之前，理查已構思了一首巴洛克風格的組曲，但只寫了開頭一段，這時再繼續將它完成，一共四樂章：前奏曲、浪漫曲、嘉禾舞曲和賦格。爲了這首曲子畢羅特別安排他的樂團到慕尼黑演出時，由理查親自指揮首演。

　　畢羅對他賞識有加，並不吝提拔，1885 年又親自指揮他的第一號法國號協奏曲，並提攜他擔任麥寧根宮廷樂團副指揮，不久即升任指揮，而開始其指揮生涯。他一面指揮，一面繼續潛心作曲，之後和華格納的姪女結婚，加上先前曾作過研究，在風格上日益傾向華格納。

　　理查一生在指揮尤其是交響詩的創作上的成就，早有不少論述，還是回來談談管樂作品吧！一如他最有名的兩首法國號協奏曲，前後相隔了六十年！如前面提到的小夜曲編制的管樂室內樂，理查到了將近一甲子後的 1943 年才再寫了一首 F 調小奏鳴曲，這時的老理查，已過了人生最黃金的時光，也在第二次大戰中飽嘗冷暖[5]，這首作品有一副題：《來自一位老兵的工作坊》（ Aus der Werkstatt eines Invaliden），第二樂章可說是對他青年時期十分仰慕的孟德爾頌《無言歌》的回憶，第三樂章則為自由的賦格，手法十分洗練。

　　最後的一首此一編制的作品也很有意義，這是一首為管樂器所寫的交響曲，名為《快樂的工作坊》（ Fiohliche Werkstatt），理查本人寫道：在我生命將盡之時，謹以滿心的感謝，獻給精神不死的莫札特」。對一位幼承庭訓，以莫札特、貝多芬為師的作曲家，到了垂暮之年，又回過頭來以「感恩的心」獻給莫札特這位偉大的天才，同時也是小夜曲這類管樂合奏的祖師爺，的確是感人的。然而理查並未套用莫扎特小夜曲或嬉遊曲的公式，在在都是自己的真材實料，獨家口味。這三個樂章雖已是日近黃昏的作品，卻仍充滿著光輝和

---

5 他曾在納粹執政時出任音樂院院長，而為人不諒解，後來又在七十高齡時為納粹剷除。

希望，同時也是理查史特勞斯的諸多作品中最平易近人，最和藹可親的那一型，在本文中介紹的兩首年輕時期和兩首老年時期的作品，實在值得您細細品味，年長者可體驗一甲子的時空給人的變化，年少者可從中揣摩，自己到日暮之年會是怎樣的一番心境？人生啊人生！

　　欣賞唱片：Philips 438 733-2

變色龍般的大師 —— 史特拉汶斯基

　　二十世紀的作曲家中，史特拉汶斯基無疑的是最具影響力和最富爭議性的一位。他在世的八十八載歲月中，不僅經歷俄國、法國和美國三個時期（和國籍！）的生活，也身受兩次世界大戰的洗禮，而他一甲子的音樂創作生涯，不斷找尋新的思維、新的音響和新的風格，不因循舊制，這一切都受到極大的關注，也招致很多的批評，凡此種種，在整部西洋音樂史中，大概無人能出其右。

　　史氏一生作品非常多，而且跨足多種形式，當然也少不了純粹管樂的作品，雖然他所寫的管樂曲，並不是標準的管樂隊編制，而是以交響樂團中的管樂聲部（四管編制較多）為對象而寫的，但是由於他的音樂特色和在歷史上重要的地位，也成了高水準管樂團的標準曲目。

　　管絃樂團的規模到了後期浪漫派的諸位大師手中，已經極度擴張，在管樂方面，各類木管的家族成員幾乎全員到齊，除了標準樂器之外，還有如短笛、降E高音豎笛、低音豎笛、英國管、倍低音管；而銅管則在數量上增加，這麼一來，光是管樂部分就已具有「獨立」的資本。理查史特勞斯包括小夜曲在內的幾首管樂曲，雖然規模較小，卻是此類作品的佳作。史特拉汶斯基更不遑多讓，以管樂為主的作品有：

1.管樂的交響曲（1920）

2.管樂八重奏（1923）

3.鋼琴與管樂器協奏曲（1924）

受爵士樂隊影響而作的：

1.前奏曲（1937）

2.俄國風詼諧曲（1944）

3.黑檀木協奏曲（Ebony Concerto 1946）

其他

1.悼歌（Chant Funèbre 1907 紀念先師林姆斯基·高沙可夫）

2.詩篇交響曲（1930）

在這裡主要介紹兩首編制較大的作品 ── 《管樂的交響曲》和《鋼琴與管樂協奏曲》。

1909 年，二十八歲的史特拉汶斯基為狄亞季列夫寫的芭蕾音樂《火鳥》，讓他一舉成名。當時的歐洲還處在後期浪漫派和印象派翁鬱深邃的氣氛中，史氏的音樂以其桀傲不馴的節奏、不和協的和聲，和有時近乎支離破碎的旋律，如同夜空中劃破寧靜的隕石，帶給人轟然而至的衝擊。

接下去 1911 年的《彼得洛希卡》，1913 年的《春之祭》都造成極大的震撼，也使他成為那一代最受議論、最廣為人知的作曲家。

身在巴黎，作為一個受矚目的作曲家，他和法國的一些作曲家也時有往來，尤其和德布西有不錯的交情，他們並互相呈獻作品給對方。而德布西對史氏的影響也不小，德布西去世時，法國一家音樂雜誌社要製作悼念專集，並請沙替、巴爾托克和拉威爾等十位作曲家寫曲，史氏也是其中之一，

他寫的就是這首《管樂的交響曲》，1921 年在庫塞維斯基指揮下於倫敦首演。

史氏的最初三首芭蕾舞曲，都是俄羅斯民族主義的最佳範例。在此以後，他的曲風改變，由供龐大樂團演奏的雄偉巨構，一變爲小規模的手法，筆鋒愈見犀利、準確，「新古典主義」於焉誕生，和名作《士兵的故事》一樣，《管樂的交響曲》可以說是介於民族主義和新古典之間轉型期的作品。

在 1935 年出版的自傳裡，史氏回顧，早在 1921 年創作這首交響曲時，他就預感這種音樂形式一定不如早期的芭蕾舞樂受歡迎，他並說：

「能夠不費吹灰之力即受到一般愛樂者欣賞，或者熟悉的部分，此曲一概付之闕如，假如有人想從中找到激昂的情緒或璀璨的美感，一定會失望而返，我創作這首樂曲的本意並非取悅觀眾，也不想激起亢奮的情緒，然而我仍希望它能得到那些把純粹音樂的感受看得比感官滿足更重要的人士的喜愛」。

這首名爲交響曲的作品，其實和古典時期奏鳴曲式的交響曲沒有什麼關連，作者只是擷取它在巴洛克時期（甚至更早）的意義，也就是指樂器合奏而已。至於標題也很有意思：Symphonies（複數）of（不是 for）Wind Instruments。其實暗藏玄機，另有所指，他真正要表達的題義是：「管樂器齊集一堂，奏出各色不同的音響」。

樂曲並不是多樂章形式（千方百計和大家熟知的交響曲劃清界線），由三大部分組成：第一段尖銳而且節奏多變（幾乎每小節一換），有點迴旋曲式的味道；在序奏之後出現三個

不同動機，後來又以相反的順序再現一次；第二部分以銅管的短促節奏為主，有《春之祭》中狂暴的音響；第三段是聖詠曲（Chorale），特徵是旋律起伏不大，給人一種暴風雨之後的寧靜感。

史特拉汶斯基於 1945 年到美國之後，他以前的作品陸續出版，這首交響曲所用的編制，直接影響了 1950 年代「管樂合奏團」（Wind Ensemble）的誕生。另一首新古典重要作品《鋼琴和管樂器的協奏曲》寫於 1924 年，也是由庫塞維斯基指揮，作曲家自己擔任獨奏，在巴黎歌劇院首演。以鋼琴協奏曲的尺寸來看，這是首算短的作品（不到二十分鐘）。和前一年問世的《管樂八重奏》一樣，風格讓人想起巴哈或韓德爾，沒有刺人的節奏和大量不協和音。全曲分三個樂章，開頭慢板的序奏完全是韓德爾的色調，快板卻像巴哈觸技曲；第二樂章回顧了十九世紀浪漫前期舒曼等人的優美旋律，由左手沈重的和絃伴奏右手簡明的旋律，在首演時史特拉汶斯基竟忘了一大段曲調，還是指揮在台上小聲唱提示他，是樂史上一則有名的趣事。第三樂章精神抖擻的快板，前兩個樂章的主題都作了短暫的再現，在一個短促的尾聲中結束這首曲子除了鋼琴主奏部分十分精采，包含了各方面的技巧之外，管樂器也有很多獨奏相輝映，也不是容易演奏的作品。

參考 CD：管樂的交響曲：杜特瓦指揮蒙特利交響樂團：鋼琴與管樂器協奏曲（佩卓夫獨奏、斯德哥爾摩交響管樂團（CAR 21384）

管樂界的長青樹

── 呂德（Alfred Reed）

　　在國內，如果您參加任何一場管樂演奏會或音樂比賽，想要不聽他的作品都很難！無疑的，呂德的音樂具有一種魅力，從曾經演奏過、指揮過，不消說聽過他的許多作品，我能深深地領略那種迷人之處。

　　呂德的作品繁多，大部分是爲管樂團所寫，包括原作和改編的超過兩百首，其中最受歡迎，經常被演奏的，也有二、三十首之譜，毫不遜於音樂史上的一些大作曲家。我將以這些大家較常接觸的作品爲主軸，作較深入的介紹。

　　呂德於 1921 年在紐約出生，父親是業餘合唱團的男高音歌手，從小在洋溢著義大利歌劇詠歎調樂聲的家庭中長大，十歲左右學小喇叭，也常去公園欣賞樂隊演奏。十七歲巧遇匈牙利裔的鋼琴家、作曲家亞丁（曾在巴黎音樂院隨聖賞學習），由他啓蒙學作曲。

　　1942 年、第二次世界大戰戰火正熾，呂德被徵召入伍，加入五二九陸軍航空隊樂隊，當時共有兩個樂隊計兩百餘人，但是到戰爭末期只剩三、五十人，他就負責編寫進行曲或其他需用的音樂，也就是在那段時間裡，他熟習了各種樂器、編制、音色、平衡等管樂法實務，戰爭將近尾聲時，他

以俄國民謠改寫爲《俄國耶誕音樂》，作爲 1944 年耶誕節音樂會的曲目，獲得好評，這也是他第一首真正的管樂曲，但是卻到 1968 年才正式出版。

爲了習得更高的作曲技術，1946 年考入茱麗亞音樂院，隨姜尼尼（V. Giannini）學作曲，姜氏本身也寫作一些管樂曲，給呂德很大的影響，姜氏並認爲：「管樂團將是藝術表現的新媒介，不適合於交響樂團表現的，也許在管樂團上可得到發揮。」他也認爲「未來的音樂趨勢是義大利式的輕巧和德國式的厚重手法相混合的風格。」1948 年美國 NBC 廣播公司招考音樂助理，老師認爲機不可失，鼓勵尙未畢業的呂德前去，果然一試便中，他就半工半讀擔任電台的編曲、指揮，後來又轉往 ABC 擔任同樣的工作。這樣的工作經驗，或多或少對他的作品中特有的「舞台效果」和音響產生一些影響。

1950 年代初，他突然接到一些信，指名請他寫作管樂曲，原來他在部隊時寫的一些小曲和《俄國耶誕音樂》已廣爲人知，從那時開始的四十年間，他至少已應約寫了六十餘首管樂曲。1952 年芬奈爾在伊斯曼組「管樂合奏團」曾對作曲家廣發英雄帖徵曲，當時呂德已曾收到，但忙於電台工作，並未作曲回應，不過此一樂隊改造的運動，可說是管樂界的「大躍進」，爲日後的呂德提供了大展身手的舞台。

取得茱麗亞學位之後，他又轉往德州貝勒大學（Baylor）修碩士，並擔任該校管絃樂團指揮，他的碩士畢業作品「中提琴與交響樂團的狂想曲」曾於 1959 年獲得魯利亞獎（Luria Prize）。從 1959 年起在韓森出版社擔任音樂編輯，開始他真

正爲管樂團作曲的生涯，而在 1966 年起到 1993 年間在佛羅里達州邁阿密大學擔任「音樂與媒體產業」系主任的近三十年，才是他創作的黃金時代。

1960 年代較爲傑出的作品包括《節慶前奏曲》（A Festival prelude, 1962），《帕薩加利亞舞曲》（Passacaglia, 1968），是仿十八世紀的曲式，在八小節的主題上作四十個變奏，是樂隊音樂中此類型的佳作，可媲美霍爾斯特的第一組曲。呂德寫的第一首交響曲（1968）只由銅管和打擊來表現，可說是一首銅管合奏團的音樂，全曲共三樂章長十七分，就銅管音樂來說算是長的作品了。

呂德 1970 年代較受矚目的作品，首推亞美尼亞舞曲（Armenian Dances），共分兩大部份，緣起於伊利諾大學管樂團亞美尼亞裔的指揮比金（H. Begain），以祖國音樂學者瓦塔貝（Vartabed）所採集的民謠請呂德譜曲。

《亞美尼亞舞曲》完成於 1972 年，題獻給比金，第一部份爲單樂章連篇形式，第二部份則有三個樂章，每個樂章以一首民謠發展而成。1973 年 1 月 10 日由比金博士指揮伊利諾大學交響管樂團於美國管樂團指導者協會（C.B.D.N.A.）年會上首演，自此受廣大聽眾的喜愛，奠立其成爲管樂經典作品的地位。

呂德的作品受歡迎的原因，主要是他雖爲當代作家，但是還是以浪漫派的手法寫作，也較傳統，無論就素材，和聲、記譜、曲式配器，語法都少有前衛性或實驗性的色彩。

曾經有人問他對於 1960 年代曾風靡一時的無調音樂的看法，他說：「荀白克等人的著作、論文都很有意思，但是音

樂卻很無趣」，正可說明他為什麼從未涉足十二音列技法或相關音樂的領域。

1970 年代除了前面所說的《亞美尼亞舞曲》之外，呂德較受矚目的作品還有兩首和莎士比亞名劇有關的曲子 ——《哈姆雷特》和《奧泰羅》。這兩齣戲劇和《馬克白》、《李爾王》並稱為莎翁四大悲劇，莎翁的戲劇曾被改編為歌劇、芭蕾舞、電影和電視劇，在古典音樂的範疇裡，例子也不少，但是以純管樂為媒體，寫作有關莎翁戲劇的音樂，呂德可說是「前無古人」。

其實呂德寫作這兩首組曲式的音樂的動機是不同的，《哈姆雷特》純粹是藉音樂描述劇情的創作；而《奧泰羅》卻是先以作為「老劇新詮」的配樂而問世的。

《哈姆雷特》又稱《王子復仇記》，主角是丹麥王子，因父王被叔父和王妃所害而死，於夜半顯靈要王子為他報仇，哈姆雷特還故意裝瘋，以便成就復仇大業，最後終得手刃仇敵，但自己也以身殉。這首組曲共分為四個樂章，取材自共五幕的「哈」劇：1.〈序奏〉 —— 艾爾西諾城與克羅迪亞（叔父）的王宮，以兩段對比的音樂，描述老王深夜在古堡顯靈的情景，彌漫著陰森晦暗的氣氛；在一段號曲之後，音樂急轉到第二景，輝煌明亮的王宮，充滿歡樂，夜夜笙歌。2.〈哈姆雷特與歐菲莉亞〉 —— 原是第二幕第一場的戲，王子與宰相之女相見，王子裝病發瘋卻使歐菲莉亞悲痛欲絕，這段音樂主要以木管和豎琴描繪女主角美麗純情的形象。3.〈劇團演員進場樂〉 —— 以古舞曲的形式，熱鬧的烘托劇團出場的光鮮和興奮感。4.〈哈姆雷特之死〉是這組曲中最具

有戲劇性和張力的一段，哈姆雷特與歐菲莉亞之兄決鬥，以及最後面臨死亡的心境刻劃得入木三分，不禁使我們想起他那名句 "To be, or not to be" 猶豫、衝突的心理糾結。整體而言，這是管樂曲中少見的這類題材，雖然在十九世紀「標題音樂」的時代，文學性的描寫音樂已屢見不鮮，如理查·史特芬斯即擅於此道，但是呂德以二十世紀的音樂觀，重新詮釋莎翁名劇，也有他獨到之處，這也可說是他的作品中最具深刻內涵的。

1977 年寫的《奧泰羅》，其實已在呂德任教的邁阿密大學推出過，那是（三年前）該大學校內的戲劇演出，他以十支銅管樂器和三個打擊樂為該劇寫作配樂，因此當紐約州的綺色佳（Ithaca）學院為紀念作曲家畢勒（W. Beeler，作品也以管樂見長）請他作曲時，就以這個配樂版為藍本寫了此一組曲。

義大利歌劇大師威爾第曾寫了歌劇「奧泰羅」，這齣戲以十五世紀末，威尼斯共和國的領地塞浦路斯島為背景，統帥奧泰羅是黑皮膚的摩爾人，因屢建戰功，得以娶白人女子為妻，但因誤信部下的奸計，將美麗忠貞的妻子黛絲德莫娜殺死，在真相大白時，悔恨交集而自刃身亡。這齣戲劇對人性的猜疑、忌妒、諂媚都有深刻的描寫，不用說，呂德的音樂也是按照劇情的發展而舖陳，在樂譜前頁作曲家寫道：「這首演奏會用組曲是依劇中人物性格和戲劇情節與意境為基礎而寫成」。

在這兩首莎士比亞戲劇音樂中不難聽出，呂德其實很有寫戲劇音樂的本錢，雖然現在已不時興寫大歌劇，如果寫一

齣百老匯歌舞音樂劇應該不是什麼難事，但是他卻幾乎把一生的作曲精力奉獻給管樂，也許該說是管樂界的福氣吧。從另一方面來說，我們很樂於多見到像這樣的類型的音樂，無可諱言，相較於管絃樂較正經八百的創作，管樂團的音樂有太多「應景」或「酬庸」式的音樂，有不少言之無物或味同嚼蠟，這種來自文學或戲劇的泉源，正是將管樂團的音樂提昇到更高的藝術層次的可取途徑。

　　在呂德的作品中，有幾首很受歡迎的「單曲」式音樂，如《春之獵犬》（The Hounds of spring, 1980）和《王者之道》（El Camino Real, 1984）。《春之獵犬》是根據英國詩人史維潘（1873-1909）在二十八歲時寫的詩所作，樂曲的節奏型是以狩獵號角的六八拍子為基礎，貫穿整個快板段落，如同作曲者所說，這首曲子秉持了原作詩的兩大要素：青年的活力與甘美的愛情，因此中段的行板洋溢著溫暖怡人的色彩。

　　王者之道，是以西班牙文為標題的幻想曲，望文生義多少和西班牙風味有關，它正是採用西班牙舞曲風格寫成，兩小節的前奏是如假包換的佛萊明哥和絃，再進入熱情的「方丹果」舞曲。第二段慢板部分，我認為是最吸引人的地方，由各種不規則的拍子交替而成。由雙簧管吹奏出瓦倫西亞風略帶東方風情的曲調，在憂鬱與鄉愁中透出一股迷人的氣質。在一小段「阿拉貢」舞曲之後，又回到前面三拍子的主題，是極富異國情調的作品，應可歸入夏布里耶的《西班牙》和法雅的《三角帽》那一類級的音樂。

　　說到異國情調，呂德似乎對西班牙情有獨鍾，我想這和他在美國東南角的佛羅里達州待了將近三十年有關，那裡也

是距離加勒比海諸國和拉丁美洲最近的地方，更不消說佛州還有爲數眾多來自這些地區的移民。他的《第二組曲》（Second suite Latino-Mexicana）就是以拉丁美洲和墨西哥的音樂形式所組成，分別是古巴的舞曲、巴西風味的探戈、阿根廷酒歌和墨西哥鬥牛歌，喜歡拉丁風味的人不可錯過。

呂德的作品數量繁多，曲風也很多樣，從純創作的交響曲，戲劇音樂、舞曲、小序曲、進行曲百老匯式（或說稍帶商業色彩）的音樂都有。他最大的特色是能掌控各種形式音樂的精髓，並以最適合現代人的方式表現出來，往往把一些舊的東西賦予新的生命，另外他對管樂的配器運用之精絕，也少有人能比擬，就算聽慣了管絃樂團的耳朵，也不太會有「若有所失」的缺憾感，他爲數眾多的作品，無疑的已成爲二十世紀管樂文獻中重要的一部分。

呂德其他值得推薦的作品：

歡慶序曲（A Jubilant Overture, 1970）

小丑（Punchinello, 1974）

魔法之島（Enchanted Island, 1980）

音樂萬歲（Viva Musica, 1984）

法華經三啓示（Three Revelations fr. Lotus Sutra 1985）

百年慶（Centennial, 1986）

耶路撒冷讚歌（Praise Jerusalem, 1987）

戰爭與和平

─ 第二次世界大戰時期的管樂曲

　　第二次世界大戰結束至今已半個世紀，這場人類史上規模最大、牽連的國家最多，也造成前所未有的傷亡和損失的戰爭，不但在當時讓數億百姓生靈塗炭，它的影響持續數十年，甚至在今日都隱約可見，這場戰爭對世界秩序和政治權力的分配都起了重大的衝擊，當然政治並不是本文要探討的焦點。在六十年後的今天，正如我們到諾曼地，珍珠港或納粹集中營等數不清的大戰遺跡去憑弔戰爭，以及為戰爭而失去寶貴生命的人們一樣，對第二次世界大戰期間所創作完成的管樂作品，作一番回顧，也可以算是另一種紀念的方式。

　　這場起於 1939 年，終於 1945 年的戰爭，對人類文化遺產的浩劫，是無法估計更無法彌補的，在戰時由於時空環境，物質和人力條件的限制之下，藝術文化的發展和傳播，自然會受到很大的影響，因此在大戰期間的音樂作品較少是很自然的事，如果我們再扣除為了軍隊中激勵士氣或勞軍用的進行曲和娛樂性作品的話，簡直如鳳毛麟角了。另外，事隔半個世紀，有些比較不具藝術價值的作品，已被世人遺忘也是難免的事。

　　很幸運的是，時至今日還有幾首寫於戰時的管樂作品，

穩居重要作品之列，而且都出自名家之手，的確十分難得，按照作品的寫作時間如下：

　　1.柯普蘭：平凡人的號角（1942）。

　　2.巴伯：突擊隊進行曲（1943）。

　　3.荀白克：主題與變奏（1943）。

　　4.哈察都量：亞美尼亞舞曲（1943）。

　　5.米堯：法國組曲（1945）。

　　巧合的是這幾位在二十世紀音樂史上各佔有一席之地的名家，一生中為純粹管樂合奏的寫作品並不多，中間的三位還只此一首，柯普蘭和米堯也只有寥寥兩三首這類的作品傳世，而他們不約而同的在戰時以管樂來表達音樂理念，也許是處於那個時代常常聽到雄壯激昂的樂隊或進行曲，一方面人們心裡也渴望藉管樂器嘹亮的音色來振奮人心吧！

　　1.柯普蘭（A. Copland）：《平凡人的號角》（Fanfare for the Common Man）柯普蘭可以說是第一位聞名於世的美國作曲家，在此之前美國只能算是歐洲音樂的殖民地，他以弱冠之齡到法國留學，也成為第一位到法國學音樂的美國人。他雖受傳統的歐式訓練，但作品卻十分能表現美國的特色，而被譽為最具美國精神的代表作曲家之一。這首為銅管合奏和打擊樂器所寫的曲子，是貨真價實的「戰時音樂」。

　　1941 年，歐戰已經如火如荼，但是美國一直到當年十二月，日本偷襲珍珠港的次日，才正式對日宣戰，並加入同盟國行列對抗軸心國，從此美國投入上百萬的兵力參戰。1942年辛辛那提交響樂團為了當年度的音樂會，向包括柯普蘭在內的十七位作曲家徵曲，以音樂向身赴沙場的戰士們致敬，

而曲式最好是能激發愛國情操的號角曲，毋庸置疑，柯普蘭寫的這一首是其中最好的。

　　這首曲子只有三分半長，一開始的打擊樂（定音鼓、大鼓和鑼）震撼人心的重擊就扣人心弦，之後小號以齊奏吹出高亢的主題，全曲一直在雄渾的和聲中進行著，像緊繃的弓弦一樣，直教人熱血澎湃。有趣的是這首激昂的戰時號角，卻是在四十多年後的 1984 年才廣為流傳，原因是當年洛杉磯奧運會就是用它作開幕音樂，數十位銅管樂手在約翰威廉（John Williams）的指揮下，以「平凡人的號角」揭開這舉世矚目的盛會的序幕，在大眾傳播的威力之下，也讓這首曲子真正揚名於世。

　　2. 巴伯（S. Barber）：《突擊隊進行曲》（Commondo March），在 1937 年就以《絃樂慢板》成名的巴伯，和大多數人一樣，不可避免的被徵召入伍，1942 年入陸軍服役，後來並成為陸軍航空軍樂隊的隊長，這首進行曲就是當時為該樂隊所寫的。由於巴伯並非真正的軍樂隊出身，所以他的進行曲也比較「學院派」，和蘇沙的軍樂進行曲，或是費爾摩爾的馬戲式進行曲大異其趣，而且還是用四四拍子寫的，和一般二四或二二拍子的進行曲習慣不同，另外它聽起來也不太適合於走路，應該是音樂會的進行曲。以緊張的小鼓和木管的號角風動機開始，倒是有一點〇〇七音樂的詭異氣氛，全曲則反映了巴伯深厚的作曲技術，把進行曲寫得不落俗套，如果您喜歡進行曲，別漏了這一首「奇作」。

　　荀白克（A. Schoenberg）：《主題與變奏》（Theme and Variations）── 對於荀白克這樣叱吒二十世紀樂壇的大人

物，我們實在不敢奢望他為管樂隊作曲，但是因緣際會，有時還是可以成真的，這又要講到戰爭了，生於奧地利的荀白克，二十來歲便以《昇華之夜》嶄露頭角，1904 年和他的兩位學生 ── 貝爾格和魏本組織「新音樂協會」介紹他們的音樂，後來並且提倡非調性的音樂，散播「十二音技術體系」，對二十世紀的音樂投下巨大的影響。

　　1925 年起他任教於柏林的普魯士藝術學院，卻於 1933 年被納粹解聘，理由是他來自猶太家庭（他實際上是天主教徒），為了免於迫害，他於當年經巴黎移居美國加州並在南加大和洛杉磯加州大學任教。由於美國辛美（Schirmer）出版社之請，他才寫作這首為管樂隊而作的「主題與變奏」，雖然寫於 1940 年代，那時荀白克早已是「十二音列主義」的祖師爺，無論在理論或技巧上都已臻化境，但是由於出版社言明這首作品是為中學程度樂隊而作，所以大師並未使出獨門絕活，整個作品倒是比較像他早期的風格，「有點無調又不會太無調」。全曲在主題之後還有七個變奏，各段都有不同的色調和意境，全長十一分鐘，正好有點新鮮又不流於冗長，是很難得的大師管樂作品，就像聽諾貝爾獎得主李遠哲博士講國中理化一樣，能一睹大師風采，又可輕鬆領略學問的奧妙。

　　4.哈察都量（A. Khachatarian）:《亞美尼亞舞曲》（Armenian Dances）── 這曲子和戰爭沒有太大的關聯，只是因為作曲家來自同盟國之一的蘇聯，而且是為紅軍的騎兵樂隊所作。在此之前哈察都量已經以《小提琴協奏曲》（1937）和芭蕾音樂《蓋奴》而成名。他的音樂曲調和節奏都具有強烈的東方色彩，使用亞美尼亞特有的音階，但卻不直接引用

民謠旋律。這和呂德採用民謠素材作的《亞美尼亞舞曲》的作法不同。

　　5.米堯（D. Milhaud）:《法國組曲》（Suite Française）從柯普蘭的作品講到美國參戰，這首米堯的組曲則是因盟軍登陸諾曼第光復法國而作。這位法國作曲家是 1920 年代「法國六人組」的成員之一，他們接受薩替（E. Satie）的審美理念，反對印象派的朦朧曖昧，而傾向當時正萌芽的新古典運動的簡潔清新。米堯曾於 1922 年周遊美國，在加州教授作曲七年，之後即往返美法之間，在奧克蘭的米爾斯音樂院及亞斯本音樂節任教，也在巴黎音樂院教作曲，他十分多產，到戰爭時期的 1939 年，作品已超過二百首。1944 年六月六日，英美聯軍在法國諾曼地登陸，法軍又於八月十五日在法國南部里繼埃拉登陸，法國人奮起抗德，並於八月光復巴黎，當時住在美國的米堯就決定寫一首作品，一方面感謝盟軍所作的貢獻，另一方面作為戰爭的紀念。

　　這組曲於 1945 年 6 月（歐戰已結束）在紐約由苟德曼樂隊首演。在總譜的封面作曲家寫道:

　　「我很早就希望寫一首適合高中樂隊演奏的作品，這首組曲無論旋律或節奏都不需要太高的技術性要求…。這五個段落分別取材自法國五個地區的民謠，這些正是美國軍隊和法國地下抗德組織聯手作戰的地區，我希望美國的年輕人能有機會聽聽，他們的父兄們在法國作戰時在這些地區所聽到的歌謠」。

　　1.〈諾曼地〉── 盟軍登陸點，以六八拍子充滿活力的

節奏，描述當地百姓樂觀的性情。

2.〈布列塔尼〉—— 法國最西北部地方，以木管樂器爲主的寧靜樂章。

3.〈法蘭西島〉（以巴黎爲中心的大區名），法國的心臟地帶，曲調充滿大都會的繁華和朝氣。

4.〈亞爾薩斯·洛林〉—— 曾數度易主（德法）的兩省，也是小學和國中課本「最後一課」的場景發生地，哀愁沈重的旋律，似乎反映著這種無奈。

5.〈普羅旺斯〉—— 作曲家的故鄉，這塊位居東南隅的土地曾受羅馬人統治，是法國最富歷史文明遺產的地區，這段樂曲以古舞曲式寫成，中間出現法國古式長筒鼓和短笛的樂段，饒富古意。

唱片欣賞參考：

1.Brass à la Sauve-Majeure ASV CD ALH926

2.戰爭與和平（Winds of War and Peace, Wilson Audiophone WCD-8823）

3.辛辛那提交響管樂團系列（Klavier）

4.Mercury（432 754-2）

5.辛辛那提交響管樂團系列（Klavier）

音樂大使 —— 加拿大銅管五重奏

　　世界著名的「加拿大銅管五重奏」，剛結束台北的演出，除了演奏技巧無懈可擊之外，該團最大的特色是曲目的安排和表演方式，也是他們深受世人喜愛的主因。管樂器很適合吹奏文藝復興及巴洛克時代的音樂，雖然古典和浪漫時期專為銅管寫的音樂並不多見，但是他們吹起改編的古典名曲，比之其他樂器毫不遜色，而20世紀大量的爵士和通俗音樂，更讓他們如魚得水。另外，在舞台上的肢體表演，打破了以往音樂會固有的形式，再配上中間穿插的解說和「脫口秀」，塑造出加拿大銅管五重奏獨具一格的表演方式。1970年代曾有經紀公司邀他們到歐洲演出，因怕保守的歐洲觀眾無法接受，而要求不要舞台劇式的表演和脫口秀，但遭該團拒絕，而放棄歐洲行，因為他們覺得這種表演才是真正的加大拿銅管五重奏。1988年該團第一次赴歐巡迴，受到包括最保守的德國人在內的歐洲人熱烈喝采，証明他們所堅持的是對的。20餘年來加拿大五重奏的風格和表演，影響了全世界的同類型樂團，就像本世紀初蘇沙樂隊和費德勒領導的波士頓大眾管弦樂團帶給音樂界的影響一樣。

　　在此介紹三張加拿大銅管五重奏較新的 CD，正如他們的音樂會一樣，包含自十六世紀到二十世紀的各類型音樂。

第一張為《通俗古典新奏》（The Essential Cananian Brass, Philips 432 571-2），事實上這是他們加盟菲立普以後，錄製的第一張 MTV Home movie canadian brass 的 CD 版，為了展現該團對各種不同風格音樂的演奏，都能得心應手，對於從古到今的音樂能「一以貫之」，因此這張 CD 收錄了出道以來最拿手的曲子，如（16）〈巴哈 d 小調觸技曲與賦格〉，和（7）〈g 小調賦格〉，神乎其技的演出，可說是除管風琴原版之外，最好的改編演奏。另外（20）帕海貝爾的〈卡農〉，也是他們最受歡迎的曲目之一，聽了加拿大銅管五重奏吹它，會讓人懷疑這首曲子是不是為銅管而寫的？

另外有幾首各個樂器獨奏的曲子也值得介紹：（2）韋瓦第〈雙小號協奏曲〉，展現前休士頓交響樂團首席米爾斯和十七歲就在洛杉磯愛樂吹小號的羅姆，學院派訓練的堅實技巧；（12）〈馬卡雷娜少女〉，熱情的西班牙旋律，小號華麗多采的演奏，彷彿把我們帶到人聲鼎沸，歡聲雷動的鬥牛場；（11）〈低音蜂的飛行〉是改編自林姆斯基‧高沙可夫的名曲──《大黃蜂飛行》，不過是由銅管中最笨重的低音號來演奏。（21）〈聖者哈利路亞〉是一首結合美國南方爵士樂《聖者的行進》和韓德爾《彌賽亞》中著名的大合唱而成，由具有爵士樂根底的長號手瓦茲主奏，十分逗趣。這張 CD 有如加拿大銅管五重奏的櫥窗一樣，呈現他們不同風格的演奏，也讓每位團員都有個人秀，如果您從未聽過他們，這是絕佳的入門片；如果您已是他們長久的愛好者，可聽聽這張最新的錄音中，他們更臻化境的音樂詮釋。

第二張是《閃耀的巴洛克風采》（GABRIELI for BRASS,

PHILIPS 483-392-2），這張 CD 是以加拿大銅管的五位演奏家
為主，再加上紐約愛樂和費城交響樂團的銅管各部首席，光
是這卡司就不得了，他們都是美國最頂尖的銅管演奏家，盛
況自是可期。為什麼要動用這麼多人呢？（小號 6 人，法國
號 5，長號 5，低音號 5，共計 21 人），在此有必要先對這些
樂曲作個介紹。

　　這張 CD 的副題是 Miassa a Giovanni Gabrieli，意思是獻
給喬凡尼‧加布里埃利的彌撒。加氏是十六、十七世紀之交，
威尼斯聖馬可大教堂的樂長，也是音樂史上威尼斯樂派最重
要的作曲家，自文藝復興時期以來威尼斯就是歐洲文化、商
業的重鎮，有許多學者和作曲家到這裡研究學習。當時任樂
長的加布里埃利，常常使用管樂器或管絃混合的樂團，其中
尤以今日短號的前身 —— 木管號和古長號（sackbut）的組合
最為常見[6]，他把二十餘支管樂器分成好幾組，置於教堂的各
個角落或迴廊，演奏起來具有極佳的立體音效，相信當年教
堂中的會眾的享受，絕不下於今天我們在家中聽百萬音響。

　　威尼斯樂派可說是文藝復興時期複音音樂的最高峰，直
接影響巴洛克時期的音樂。在這張 CD 中有很多名為 Canzon
的樂曲，就是模仿聲樂曲的器樂曲，所以我們自始至終都可
聽到優雅流暢，如歌般的演奏。而這張 CD 不同於加拿大銅
管五重奏為 CBS 所錄製的加布里埃利音樂，是按羅馬天主教
會彌撒的形式精心編排，在三首開場樂之後，中間的樂曲分
別安排彌撒的主要經文曲 ——〈慈悲經〉、〈榮耀經〉、〈信經〉、

---

6 木管號（cornetto）文藝復興到巴洛克早期的樂器，吹嘴形狀類似現代
　小號，多為象牙製，管身微彎，為木製或象牙製。

〈聖哉經〉和〈羔羊經〉，其中有德國作曲家、布氏的門生舒茨（Schütz）的聲樂作品改編曲，還有聖馬可大教堂先後任樂長：安德烈‧加布里埃利（喬凡尼的叔父）和蒙台威爾第（Monteverdi）的作品，象徵威尼斯樂派薪火相傳。

　　時至今日，銅管合奏團體反而成為演奏巴洛克前期以及文藝復興時期音樂較常見的音樂組合，也許是銅管樂器特別適合回歸他們的祖先所擔任的那種高貴卻不刻意炫耀的角色吧。

　　第三張是他們的《爵士樂專輯》（RED HOT JAZZ, THE DIXIELAND ALBUM, Philips, 462 999-2），這張 CD 收錄的都是流行於本世紀初的早期爵士樂，這種爵士樂有一個特別的名稱—狄西蘭（Dixieland），它是源自非洲的黑人音樂，而在美國發展的即興風格舞曲，追溯它的根源，還摻雜了歐洲的教堂歌曲、進行曲等，其中有很多原來的即興演奏已成標準版而被記譜下來。狄西蘭樂隊的標準編制是小號、豎笛、次中音薩克斯風和長號各一，再加上由鋼琴、吉他（或班究琴）、低音提琴和鼓所組成的節奏組。這張 CD 選錄曲都是由和加拿大五重奏合作多年的黑人作曲家、鋼琴家韓德森（Luther Henderson）改編。有許多首是以高音小號吹奏豎笛聲部，高亢的音調聽起來俏皮極了。該團在接受銅管雜誌（Brass Bulletin）訪問時，曾說他們最拿手的曲目就是巴洛克音樂和狄西蘭爵士樂，愛樂的朋友不妨一同來分享加拿大銅管五重奏帶來的歡樂。

美國銅管高峰會
── 兼記基史東銅管營

　　在交響樂團中，銅管是音響最為突出的一群，這一族樂器很少從頭到尾參與演奏，卻往往在樂曲的最高潮處發揮畫龍點睛的效果，就是因為這種突出的性格，好比「君子之行如月之盈虧」人人得見，偶有閃失難免被樂評人記上一筆。純粹由銅管組成的演出型式大體有三種：一是銅管樂隊，（Brass Band）集合了銅管家族中所有的樂器，包括高音短號、薩克斯號系列等較少見的樂器，加上小號和長號，儼然成員都到齊的大家族，這種樂隊在歐洲，尤其是英國最為常見。二是以交響樂團中的銅管組組成的銅管合奏團（Brass Ensemble），包括小號、法國號、長號、低音號四種，數量則各組在二到四支不等；三是銅管五重奏（Brass Quintet），這已是大家很熟的組合，在此不多贅述。

　　在這裡要為大家介紹第二種─銅管合奏團，除了交響樂團的銅管組偶而秀一下，如前年慕尼黑愛樂來台，為了「答謝觀眾的愛顧」，由銅管組代表到廣場上演奏幾曲致意，讓觀眾印象深刻。真正長期合作的銅管合奏團並不多見，在寥寥可數的團體中，最負盛名的首推英國的「菲利浦瓊斯」銅管合奏團，創於六〇年代，而到九〇年臻於高峰，曾錄製數十

張唱片,前些年創辦人瓊斯退休,改稱「倫敦銅管合奏團」,然而盛況已不復當年。

聲勢浩大的銅管合奏團不多見,除了「勞師動眾」,機動性不若銅管五重奏之外,曲目較少也是原因之一。以銅管聞名的美國來說,也找不到一個擁有固定成員較長久性的銅管合奏團。但是自八○年代中期以來,由十餘位來自美國頂級樂團的銅管演奏家組成的「銅管高峰會」(Summit Brass)或高峰銅管合奏團,其實第一種譯法還更貼切些,靈感來自當時美蘇首腦的「高峰會」,這些大師們每年六月中,齊聚一堂,並以音樂營的方式舉行,對美國的銅管教育和演奏,起了很重要的影響。

這個合奏團的成員集結了來自茱麗亞音樂院、亞利桑那大學、辛辛那提音樂院的小號教授;芝加哥、舊金山、多倫多交響樂團的首席法國號;紐約愛樂、洛杉磯、費城、舊金山交響樂團首席長號;以及來自芝加哥交響樂團的低音號。看到這些人在銅管樂壇的地位,就知道「高峰會」所言不虛,他們每年六月會面的地點,不在大衛營也不在日內瓦,而是在一處同樣山明水秀的地方 —— 柯羅拉多州的基史東(Keystone)。

基史東距科州首府丹佛市約一百公里,位於洛磯山脈中,海拔三千多公尺,是著名的滑雪勝地,夏天則是理想的避暑地。這個由大師級演奏家組成的合奏團,便以此為營,舉辦純為銅管的基史東銅管學院(Keystone Brass Institute),自 1986 年起於每年六月舉行兩周,對象是大學即將畢業有志於職業演奏的學生,以及各級學校的銅管教師,所以不同於

一般的音樂營的是，每位學員都要參與演奏及音樂會演出。

　　在爲期兩周的課程中以銅管合奏團及銅管五重奏的型態爲主，按學員的程度分成數組，由「高峰銅管」的大師指導，把他們在樂團或小合奏團體中的經驗親自傳授，並領導該組在音樂會中演出，也有個別課的安排，可自由選擇指導教授，在基史東是個大好機會，得以領略厚重的芝、加哥銅管亮麗的紐約愛樂含蓄的舊金山、各家各有擅場。另外每日排滿的大師課、演講等課程都是十分實用的。臺北市立交響樂團銅管組全體團員（包括筆者在內），曾在九〇年代初參加此音樂營，在兩週的課程中受益良多。

　　當然，基史東的重頭戲就是「高峰銅管」的演奏會，他們除了現有的曲目之外並積極的請作曲家寫銅管合奏曲，美國作曲家契桑（John Cheetham）就爲他們寫了一首《基史東慶典》，作爲音樂營的「主題曲」和精神象徵，舒勒（Gunther Schuller　新英格蘭音樂院院長）的《銅管交響曲》也極爲成功；另外他們也有不少的改編曲，如洛杉磯愛樂首席長號紹爾所改編的巴哈管風琴名曲《d小調觸技曲與賦格》，高峰銅管的演奏和管風琴相較毫不遜色（Summit Record 101）。

　　爲了更進一步推廣、深化銅管教育，他們還集資設出版社、唱片公司，專門出版和銅管有關的書籍和唱片，但是近年來由於基史東渡假山莊的租金過高，音樂營已南移到亞利桑那州，但是「高峰銅管」的堅強陣容依然不變，誠如指揮家蕭提讚道：「經由這個音樂營，這些一流演奏家的經驗和絕活得以傳承給下一代，這個投資絕對是成功的」。

　　「高峰銅管」的音樂營每年都吸引來自美國及世界其他

地區的銅管演奏者參與，遺憾的是由於成員來自不同的樂團和學院，行程不易安排，因此美國以外的愛好者只有透過CD，聽聽這支真正美國頂尖的銅管合奏團。

來自歐洲的銅管之美

── 法國亮麗花俏，德國結實內歛

　　歐洲給人感覺是在秀麗的山光水色之外，還有令人發思古幽情的古蹟，處處都可讓人感受到濃郁的文化氣息，不論是博物館的珍藏、民居陽台上的花飾或公園、地下鐵的音樂家，彷彿這就是「生活即藝術、藝術即生活」的最佳寫照。

一、法國管樂珍品

安德烈與共和衛隊管樂團

　　如果您曾到過歐洲，可曾注意過在城市中心廣場或公園裡的八角涼亭？幸運一點在週末的午後往往可聽到樂隊演奏，那就是答案了！這種涼亭其實是音樂台，它的造型據說是從咱們中國學去的，只是它們是用鐵骨做成八角形，讓觀眾可在四面八方欣賞露天音樂會。目前全法國大約還有四百多座這種涼亭，照樣還有這種音樂會，通常都是管樂隊或銅管樂隊較多見。

　　這裡介紹的 CD 十分難得的是由本世紀最偉大的小號演奏家安德烈擔任演奏，他幾乎灌錄過所有數得出來的小號作品，他的唱片被小號演奏者公認為範本。這張唱片名為「八角亭音樂」（Musique de Kiosque ）其實和他有很深的淵源，安德烈的父親是法國一地方城市的樂隊隊員，所以從小耳濡

目染這類的音樂，受父親影響學習小號，後來進入巴黎音樂院，並以第一獎畢業，有趣的是他演奏生涯的第一張唱片就是灌錄這類作品。

可想而知，在公園裡演奏的音樂，多半以輕鬆活潑、節奏明快的樂曲為主，尤其是十九世紀帶有喜歌劇風格的曲調最常見，如奧芬巴哈和約翰史特勞斯等人的作品。除了保有這些曲子的原有風格之外，為了適應小號的表現，每首都經過法國作曲家兼樂隊指揮的皮秀侯（C. Pichaureau）的改編，不用說這裡面一定少不了很多讓獨奏者「秀」的樂段。而且安德烈還依不同的樂曲特性，分別以高音小號、短號、軍號、小號演奏，最後一首更把四種全部派上用場，這一首改編自奧芬巴哈《巴黎生活》中的《巴黎夢組曲》十分熱鬧有趣。

另外，有幾首二重奏的曲子是和他的兒子尼可拉共同演奏的，父子同台，實為難得。這位曾為三十四首小號協奏曲作首演的偉大演奏家，現年已六十二歲，即將屆退休之齡，每年只有極少數的演出，因此這張唱片，無疑地將是他「封箱」之前的稀有珍品。

和他搭檔演奏的法國共和衛隊管樂團是舉世著名的管樂團，也是歐式管樂團的代表。由指揮家兼作曲家波特利（Roger Boutry）指揮，喜愛管樂團的朋友絕不能錯過，這是在本地很難遇見的該團錄音。

二、無懈可擊的默契，獨到的編曲

德國銅管合奏團

相對於法國銅管的亮麗花俏，德國的音色就較偏向結實

內斂，這不只和他們受的訓練有關，使用的樂器也是重要因素。不過歸根結底還是這兩大民族—現在歐盟的兩大強權，有太多民族性和文化上的差異。就音樂來說，大家對判斷德、法音樂的不同，好像比分辨出哪個是德國人哪個是法國人還容易些。在教育上，前者重「群」，而後者重個體，所以法國出了不少世界著名的獨奏家（尤其是管樂），但是樂團就比德國的遜色一些。

聽過德國樂團如柏林、慕尼黑愛樂的人，對銅管聲部厚實的音響一定印象深刻。這裡要為大家介紹一支德國的銅管合奏團，是由十位來自德國數個大樂團—慕尼黑、柏林、漢堡、司圖加特、科隆廣播交響樂團和名音樂院的演奏家組成的。

早在 1984 年，來自南美烏拉圭、畢業於柏林音樂院的克雷斯波（E. Crespo）就號召另外四位同窗組成「德國五重奏」，1985 年因緣際會，由於 EMI 公司想製作一張巴哈作品的唱片，紀念作曲家誕生三百週年，因此把五重奏乘以二，擴張成十人的合奏團，編制為小號四支，法國號二支，長號三支加低音號，他們的故事和英國「菲利浦瓊斯銅管」有異曲同工之妙，不過雖同為十人，後者的編制卻是小號 4 法國號 1 長號 4 低音號 1。

由於他們精湛的技巧，無懈可擊的合奏默契，更加上克雷斯波獨到的編曲，使得他們的演奏受到廣大熱烈的迴響，在歐洲許多音樂節和大城市的演奏都極受歡迎，尤其是跨越古典與通俗音樂的曲目，使得一向貧弱的銅管合奏曲，一下子豐富起來。自 1985 年的合作開始，他們就成為 EMI 的簽

約團體，目前和英國的「倫敦銅管」以及美國的「高峰銅管」（Sumnit Brass）鼎足而立。

他們最近面世的兩張 CD，分別是「銅管精神」（Spirit of Brass）和德國十七世紀作曲家史艾德特的專輯（Schedit）。前者是以團長克雷斯波（現為司圖加特廣播交響樂團首席長號）的作品作開頭和結尾，第一首和 CD 標題同名曲，頗有約翰‧威廉斯（John Williams）好萊塢風格的味道，這與作者早年和這類商業音樂有過密切的接觸不無關係。

其他還有多首改編曲，包括拉威爾的《寫給早夭公主的巴望舞曲》、普羅高菲夫的《三個橘子的戀愛》、羅西尼的《鵲賊》序曲和威爾第《弄臣》中的著名詠嘆調，甚至還有改編自以弦樂為主的馬斯卡尼《鄉間騎士間奏曲》、蕭邦的《鋼琴前奏曲》等這些大家很熟悉的名曲，愛樂者不妨聽聽用另一種聲音來演奏的方式，體驗一下新的「感受」。

比巴哈大約早一百年的史艾德特，是德國巴洛克前期重要的作曲家，也是「三 S」之一（另兩位是 Schutz 和 Schein），他們對複音音樂都很有貢獻。史氏的作品在當時的複音風格潮流中，還摻有單音音樂的色調，在那個時代真是滿特別的。十七世紀時，大部分的管樂器都還沒有很好的發展和性能，銅管除了長號之外連吹音階都有問題，因此器樂的合奏都是雜牌軍，而今「德國銅管」以嘹亮、線條清晰、吐音毫不含糊的銅管來表現，各聲之間的平衡和協調，絕不是作曲家本人所能想像的。

在第八首〈O Nachbar Roland〉原譜的封面上，作曲家曾寫道：「不特定某些樂器演奏，由音樂家作判斷裁奪。」如

果他有幸在今日聽到這張 CD，一定作夢都會笑。尤其是最
後一段快速的雙吐音樂段，很難用其他樂器做到這種明亮懾
人的效果。

長號國的代言人 —— 林伯格

　　一直到提筆前一刹那，我才想到這一個封號，對於瑞典的長號演奏家林伯格（Christian Lindberg），早有人用過各式的美稱：長號的帕格尼尼，長號中的海飛茲，二十世紀銅管奇葩等，不一而足。如果在這裡拾人牙慧，照例只是歌功頌德一番，難免被諸位「水平」頗高的讀者恥笑。身爲「長號國」的一員，自然不能只評評他的唱片能得幾顆星，該讓大家認識其人其樂和他的親密伙伴—長號。

　　長號（Trombone）又稱伸縮喇叭、伸縮號，大家對它的印象，大多集中在它能屈能伸的滑管上，還有樂隊遊行時走在第一排（因爲怕戳到別人的背），在管絃樂團裡，通常都被「發配邊疆」，大部分時候都在默默的數拍子，除非大聲吹的時候，否則常教人幾乎忘了它的存在。但是，那是從前的事了，除了古典音樂以外，長號在爵士樂中早有一席之地，一些傑出的爵士演奏家如杜西（Tommy Dorsey）也名列青史，在二十世紀的音樂作品中，長號受到重用，甚於以往任何的時代。

　　然而，真正改變當代聽眾和作曲家對長號的觀感的，卻是林伯格這個人。1982 年由 BIS 出了他第一張專輯，也可以說是唱片史上第一張長號的 CD（那時 CD 才問世沒幾年），

他的這張《長號巨匠》(Virtuoso Trombone Bis-CD 258)以林姆斯基‧高沙可夫的〈大黃蜂飛行〉為開場，可以說神乎其技，用英武的長號奏出凶猛的「大黃蜂」形象，似乎不比小提琴稍遜，立刻就博得滿堂彩，其他如查達斯舞曲、愛之悲、風鈴草變奏曲和幾首二十世紀長號作品：南斯拉夫的蘇雷克、德國的興德密特和義大利的貝里歐等，都有十分精采的演出，在銅管唱片原本就稀少的市場中一枝獨秀，除了沒讓唱片公司老闆失望之外，也使他一炮而紅，他的崛起不像一般古典的演奏家，先有幾百場音樂會，才出唱片，拜有聲工業之賜，林伯格是從籍籍無名的長號手，以一張 CD 打出名號，而接下去每年最少一張，把長號所有上得了檯面的音樂全都出了 CD，除了使他成為史上第一位長號獨奏家之外，對長號音樂留下的功勞也是前無古人、後不易有來者，稱他為長號國的代言人實不為過。

　　這樣一位聲名暴起的演奏家，尤其是以前很少用來獨奏的長號，分外引人注意，大家都想知道他究竟是何方神聖。

　　林伯格於 1958 年生於瑞典，父母都是畫家，從小受藝術薰陶，和哥哥都學音樂，哥哥雅各是現今世上少數的魯特琴名家，他學過一點鋼琴、小提琴，也參加過兒童唱詩班，但是從來沒有認真投入。直到十七歲才學長號，一年後考入斯德哥爾摩皇家音樂院，在學生時代就考取歌劇院樂團的職位，在此之後就立志成為長號演奏家，後來到英國隨前倫敦交響樂團首席韋克(Denis Wick)，艾弗生(John Iveson)等人學習。

　　1980 年代初，他回祖國找上 BIS 公司的老闆兼製作人巴

爾（Robert von Bahr），希望能幫他出唱片，這位精通十一種語言的老兄，當然沒有一口答應，但是聽了他的獨奏會之後，馬上就在後台宣佈他的決定（英明的決定！）。

由於市場反應不惡，才有往後一連串的合作，他的唱片都有主題，並選擇適合於此一主題的音樂，原作或改編曲都有，並且搭配生動有趣的封面，和一般唱片用作曲家的老 K 臉，或演奏家的定裝照大異其趣。這一系列包括：《滑稽長號》（Burlesque Trombone, 318）都是一些輕鬆幽默的小品，也有較不沈重的學院派之作。《犯罪的長號》（Criminal Trombone, 328），這張 CD 封面有兩個雙手高舉，帶墨鏡的罪犯，罪名是偷了別人的作品，失主包括羅西尼、舒曼、莫札特等人，聽他用長號吹〈塞爾維亞理髮師序曲〉那些絃樂快速片段，就知道這個雅賊道行有多高，還有莫札特鋼琴曲〈小星星變奏曲〉也是價值不菲的贓物。

《冬之長號》（Winter Trombone）則收錄了韋瓦第《四季》中的〈冬〉！長號（中音長號）當然不是吹數字低音用的，而是擔任小提琴主奏的部分，聽聽來自北國瑞典用長號詮釋他們最了解的冬季。

有幾張是特別有學術價值的（學術≠不好聽）如《哈布斯堡王朝的長號與聲樂》（Trombone and Voice in the Habsburg Empire, 548），長號的黃金時期─十八世紀最愛用中音長號擔任獨奏，如貝多芬的老師瓦根塞（G. Wagenseil）和莫札特的父親都有傳世佳作，有時和人聲搭配也很出色，林伯格用十八世紀的長號（Sackbut）吹奏，頗能令人發思古之幽情。

　　如果您喜歡新奇的事物則不能錯過這張《孤獨的長號》（Solitary Trombone, 388），裡面全是無伴奏的二十世紀作品，有約翰凱吉、史托克豪森等人的音樂，其中很多不可思議的技巧，如果您是學作曲的，可認識長號的各種可能性。其他有幾張以大堆頭的協奏曲為主的唱片，也很難得，有很多是第一次錄音，當然是和管絃樂團，包括邦貝格、瑞典廣播等值得一聽。

　　最近的一張名為《英國的長號協奏曲》（British Trombone Concertos, 658），收錄三首英國作曲家的協奏曲：雅各（Cordon Jacob）、前菲利浦瓊斯銅管合奏團的小號、指揮兼編曲赫瓦茲（Elgar Howarth）、布吉瓦（Derek Bourgeois），都是三個樂章的皇皇大作。和一海之隔的法國比起來，長號在英國幾乎只視為樂團中的樂器，不像法國人有獨奏的傳統，也有不少長號獨奏曲，因此英國作曲家向來很少注意它，遑論為之寫曲，一直到二次大戰後才有一些，這三首也殊為難得。第一首由英國長號教父韋克，也是林伯格的老師在1950年代首演，已是長號演奏者必修的曲目。第二首是赫瓦茲寫於他在柯芬園歌劇院任小號手之時，很多音樂語法來自史特拉汶斯基與德密特、貝爾格，但是由於身為演奏者的他，羞於以作曲家的姿態向人展示作品，因此自1958年寫成（和林伯格同年生）到現在從未演奏過，這點倒和也是在樂團吹小號的馬肯阿諾（M. Arnold）的際遇不同。

　　最後一首則是作曲家布吉瓦為林伯格而寫的，場合是1988年在倫敦舉行的世界長號年會，由於曲趣輕鬆，不流於學院派的刻板，因此立刻受歡迎，現已躋身長號名曲排行榜

上。

　　如果您對長笛的朗帕爾、法國號的鮑曼，小號的安德烈已十分熟悉，那麼再認識這位在長號上也有和前面幾位大師同樣地位和貢獻的林伯格，會是更完滿的事。如果到唱片行，只要找到管樂那個架子，有一排「長黑」的唱片，八成就沒錯，長號萬歲！

英雄出少年

── 俄羅斯小號演奏家納卡里雅可夫

　　在音樂史上，我們聽過許多天才的故事，他們有的四歲就能登台表演，六歲能作曲或小小年紀就指揮樂團，許多在我們一般人看來不可思議的天賦，莫扎特當年還在「幼稚園大班」的年紀，即在薩爾茲堡舉行鋼琴獨奏會，八歲開始隨父親和姐姐巡迴歐洲表演，在圖畫上我們看過他站在台子上為奧皇演奏的可愛模樣，還有他坐在鋼琴前，兩腳還搆不著地和踏板懸在空中，為他姐姐伴奏，爸爸倚在鋼琴邊指導他們，只可惜我們無緣聽見他的演奏，只能憑空想像那美好的樂音。

　　然而在鋼琴或小提琴畢竟是可以比較早就開始學習的樂器，在管樂器來說，通常最早也得到十歲左右才入門，因此不容易有所謂的「天才兒童型」管樂演奏者，十來歲的青少年在管樂器上有傑出表現的倒是有一些。

　　如果您喜歡銅管樂器，但又歎息吹銅管的怎麼找不到幾個天才少年，但是如果您有機會聽聽一位十七歲的「少年仔」可以在四分三十秒中毫不間斷的演奏從頭到尾卻是快速十六分音符的帕格尼尼「無窮動」（不用說就知道是小提琴曲），您就找到期待已久的答案了，這位天才少年就是來自俄羅斯

的小號演奏家納卡里雅可夫（Sergei Nakariakov）。

　　生於 1977 年，未滿十八歲時已經出了三張小號唱片，第一張是十五歲時錄製的，這幾張可不是什麼輕鬆小品，而是包含了小號的經典協奏曲、獨奏曲以及許多令人驚艷、改編自不同樂器的名曲。他出神入化的技巧和深刻的音樂詮釋，如果不是唱片上那張童稚未脫的照片，教人絕不敢相信那是十來歲的少年小伙子吹的音樂，這幾張 CD 讓他在短短的兩三年內就走紅古典樂界。

　　納卡里雅可夫的父親是前蘇聯高爾基一所音樂學校的鋼琴教師，閑暇時也吹吹小喇叭，納卡（太長了從此縮寫）從小隨父親學鋼琴，但是九歲時因為一場車禍受傷，使他不能久坐，因而放棄鋼琴，改學小號，不過老師倒是沒換，還是由自己的爸爸指導！小小年紀的納卡，果然天賦異秉，學起來輕鬆順利，好像天生就是吹小喇叭的，技巧性的雙吐、三吐他一個禮拜就學會了。十二歲時公開表演小號名曲「威尼斯狂歡節」，在蘇聯動盪不安、物質困頓的日子裡，用俄製的小喇叭，納卡父子以心血克服了一切的困難。父親仍是他唯一的老師，大家都知道蘇聯時代有一位小號大師多克西哲（T. Dokshizer），為波修瓦劇院的首席、莫斯科音樂院教授，只可惜納卡晚生了幾年，多氏已退休，而且近年來由於年事已高，又身體欠安，已幾乎「退出江湖」，因此雖有一面之緣，納卡都從未受教於大師。

　　他十二歲時錄的錄音帶「威尼斯狂歡節」和日後與俄羅斯青年鋼琴家紀辛合演的蕭斯塔高維契《鋼琴協奏曲》的錄影帶，無意間成了他揚名國際的敲門磚，經由訪問莫斯科的音樂

家的引介，泰德唱片（Teldec）的製作人德肯布洛得以聽到他的演奏，並和他簽約。1992 年他應邀到莫札特的故鄉薩爾茲堡音樂節演奏，並獲得「大衛朵夫」獎，這是鼓勵青年音樂家的獎項。後來他前往巴黎，隨法國小號演奏家杜夫杭（G. Trouron）學習，而他小小年紀，已經應邀在世界二十六、七個國家演出，甚至柏林愛樂和巴黎歌劇院都有意招聘他，但是納卡認為自己個頭小，音量也不太大，還是吹獨奏比較適合。

他和泰德公司合作的第一張唱片錄的是海頓、胡麥爾和卓利維、托馬西等小號經典大作，聽慣了老練的安德烈（M. Andre），何妨試試初生之犢的另一種詮釋。（4509-90846-2）。第二張是一些較討喜的改編曲，如《藍色狂想曲》、《大黃蜂的飛行》等，和第三張一樣，這些改編多出自他父親及鋼琴伴奏馬可維契之手（9031-77705-2）。

第三張名為《卡門幻想曲》，也就是 CD 的第一首曲子，我們較常聽的是小提琴或長笛吹的。事實上這張 CD 中多首是小提琴曲，如《流浪者之歌》還有帕格尼尼的兩首小提琴的音樂。前面提到的最後一首《無窮動》，他運用「循環呼吸法」可以從類別尾毫不間斷的演奏，是古典演奏者中難得聽見的技巧（4509-94554-2）。

不同於他前面幾張笑容可掬弱冠少年的模樣，另一張《悲歌》（Elegie）異於以往的光輝、炫技風格。這張片子收錄的全是聲樂曲，可說是以小號來「演唱」的「無言歌」集，其中除了第二首舒伯特的〈小夜曲〉之外，都是比較難得聽見的曲子，在曲風方面，一如整個文案設計的色調 —— 很藍色，多為略帶憂鬱、哀愁甚至傷痛的旋律。

　　《悲歌》正是因為一位俄國名男低音穆科夫尼克（K. Mukonik）的逝去，而引發納卡用聲樂曲展現小號另一面性格的新作。這位歌唱家不是別人，正是納卡的姐夫，在九五年底英年早逝，他生前的演唱風格曾給納卡很大的影響，擔任鋼琴伴奏的是首次和他合作的姐姐維拉（Vera）。而這些曲目正是這位歌唱家生前最愛的歌曲，因此納卡的詮釋必然有他的影子，雖然我們對歌唱家沒有進一步的認識，卻也可以說這張 CD 是他們三人一同完成的。

　　聽完這張 CD，我有一個感覺，那就是這些歌雖然沒有歌詞，但在納卡的「演唱」之中，卻讓我們跨過語言的隔閡，直接感受到音樂中或說他想要表達的那種至情至性，正如同他自己所說的：「我希望讓我樂器『文學性』地呼吸……如同一位歌者把人的靈魂思緒傳達給聽者。」在這些不誇耀技巧，沒有快速運舌也沒有高低猛跳的曲子裡，我們好像看見一位飽經風霜的中年人，回顧著人生的來時路，又彷彿是對人生未來深刻的思索，但是這位演奏家卻才剛滿廿歲，讓人驚訝於他的早熟，已不再是《卡門幻想曲》中的輕狂少年。

　　從技術面來說，銅管樂器吹奏慢板，如歌的樂句要比其他樂器吃力，主要原因是「氣息」運用上的困難，雖然說吹管樂有如唱歌，但真正要做到像唱歌那麼平順、柔美，卻不是件容易的事，原因無他，「氣」掌控不易也。

　　小號平常給人的印象總是咄咄逼人，這張專輯讓我們認識另一種小號─文學的、安靜的、抒情的、憂鬱的……。

　　Teldec 0630-15687-2 1997 華納音樂

附篇：法國交響樂團的組織與營運

一、前　言

　　2005 年五月以「因應國內公立樂團法人化」為題，擬定考察法國交響樂團組織與營運的計畫，以作為日後國內樂團轉型之參考，有幸獲選參加文建會與法國文化部、外交部合辦之「趨勢計畫」，並於同年十一月二十九日到十二月十二日之間赴法國考察，在此期間拜會了文化部、外交部，訪問了幾個不同組織類型的交響樂團、交響樂團協會、經紀公司，也參觀了音樂城、巴黎音樂院等文化教育機構，與政府官員、各樂團及機構的負責人見面，聽取他們的文化政策與各樂團的經驗和經營之道，並帶回豐富的資料，可謂獲益良多。

　　在此利用一些篇幅，謹就參訪的過程、見聞及心得與大家分享。

二、參訪行程

　　感謝文建會給我這個機會，與行政人員的大力協助，特別是法籍顧問 Cavalier 先生的熱心和細心，早在出發之前就聯繫好所有的拜訪行程與對象；也要感謝法國在台協會的促成，安排法國外交部 Isnard 女士全程陪同，在聯絡與交通上都極有效率，Isnard 女士是外交部專職法/中語翻譯，在較深

入的政治、政府組織、法律及財務方面的事務給我很大的幫助。

以下的行程中包含數種不同組織形式的職業交響樂團：

日　　　期	行　　　程
2004/11/28	啓　程
2004/11/29	抵達巴黎 法國交響樂團協會
2004/1130	法國文化部
2004/12/01	Jacques Thelen 經紀公司 ASAA 法國外交部藝術協會
2004/12/02	共和衛隊管樂團（A） 音樂城 音樂博物館
2004/12/03	國立里耳交響樂團（B） 里耳交響樂團音樂會
2004/12/06	前往里昂 國立里昂交響樂團（C）
2004/12/07	巴黎 Concerts de Valmalete 經紀公司 巴黎交響樂團（D）
2004/12/08	南特 國立羅亞爾省交響樂團（E）
2004/12/09	盧昂-上諾曼地歌劇院（F） 盧昂-上諾曼地歌劇院音樂會
2004/12/10	國立巴黎高等音樂院

注：A 軍方單位、B 協會形式、C 協會形式 D 協會形式 E 聯合經營 F 公共合作文化機構

三、法國的職業交響樂團

法國樂團的形式與背景

以樂團形成的組織而論，法國樂團大抵可分為三類：一類為協會形式（Association），依據私法成立管理，職工領工

資，支出可獨立管控，政府直接撥款補助樂團，如有營收也可自行運用，此種組織基本上和美國的交響樂團相同，但經費的來源上，政府的補助款比例很高，這一點和美式樂團有很大比例的捐款不同。第二類為公立樂團（Publique），其運作方式由市政府主導營運，經費來自中央及地方政府撥款補助，各省、市政府再編列樂團預算，由樂團執行，而樂團歲入所得須繳回市政府財庫，這種形式和國內的樂團如北市交與國台交相同。近年來法國有第三種形式的樂團名為「公共合作文化機構」，介於前兩者之間，其組織類似國內的「行政法人」機構。

另外，以樂團的功能性來分，法國樂團又可分為三類：一為歌劇院，只演歌劇不演出交響曲音樂會；二為純粹的交響樂團，只演出交響樂音樂會不演歌劇；三是歌劇與交響樂的演出形式皆有。

法國職業樂團的組織形式		
序號	交響樂團	組織形式
1	國立巴黎交響樂團	協　會
2	里耳交響樂團	協　會
3	國立蒙特普利交響樂團	協　會
4	國立法蘭西島大區交響樂團	協　會
5	布列塔尼交響樂團	協　會
6	巴黎合奏樂團	協　會
7	阿維農-普羅旺斯交響樂團	協　會
8	坎城區交響樂團	協　會
9	皮卡地交響樂團	協　會
10	現代合奏團	協　會
11	薩瓦省交響樂團	協　會
12	歐維內交響樂團	協　會
13	下諾曼第區交響樂團	協　會

14	土魯斯室內交響樂團	協　會
15	盧昂-上諾曼第交響樂團	協　會
16	國立巴黎歌劇院	公共工商機構
17	國立里昂交響樂團	公共合作文化機構
18	國立波爾多-阿奇丹交響樂團	公　立
19	史特拉斯堡愛樂交響樂團	公　立
20	國立土魯斯交響樂團	公　立
21	國立里昂交響樂團	公　立
22	尼斯愛樂交響樂團	公　立
23	南西歌劇交響樂團	公　立
24	牟羅斯交響樂團	公　立
25	國立羅亞爾省交響樂團	聯合經營
26	國立洛林交響樂團	聯合經營

　　法國的樂團和美國樂團的經營方式，也有很大的不同，原因在於美國在英國殖民時期開始，有關教育、文化、衛生方面的事務往往由教會領導實施，而法國的文化發展是「中央集權制」，係由中央主導；此外，在經費籌措運用方面，美國的稅較輕，政府鼓勵民間贊助文化、教育；而法國稅重，因此由政府統籌稅收再挹注到文化、教育與藝術方面，所以民間贊助的比例相較低許多，雖然在法國曾有人提議，仿傚美國作法，希望交響樂團走美式路線，以民間贊助為主，但政府考慮區域文化之平衡與樂團經營不易，因此反對此種模式。

法國樂團面臨的困境與解決發展規劃

　　拜會法國文化部時，由次長顧問及兩位分別負責法國交響樂團的先生接待並作簡報，他們三位主要針對法國近四十年來的文化政策作大略的說明，由此可尋得法國交響樂團發展的脈絡。

　　法國的音樂環境在 1960 年代出現讓人憂心的現象，雖然法國擁有幾個優勢：巴黎歌劇院、巴黎音樂院、法國廣播公司等，但交響樂團的工作日益萎縮，音樂家沒有工作，法國當代作曲家的作品也鮮少被演奏。值此危機時刻，戴高樂總統任命馬候（Malraux）為文化部長，藍道夫斯基（Landowski）出任文化部次長，致力改革，首先對音樂方面的問題下手，對音樂院、交響樂團、音樂節等音樂機構及活動大力整頓。在 1966 年時，法國在音樂的預算只有 150 萬法郎，1967 年增加了四倍，次年又增加二倍。1966-69 年改組巴黎音樂院協會交響樂團為巴黎交響樂團是一大重點工作。另外也成立第一所區域性國立音樂院 （CNR, Conservatoire National de Region）培養職業演奏家，以因應未來成立區域性樂團之需求。

　　藍氏提出「十年計劃」振興音樂，並以金字塔為比喻，頂端是巴黎音樂院、巴黎歌劇院和巴黎交響樂團，其他各區為金字塔之底部，法國當時調整全國行政區為二十一個大區（Region），他的理想是每一大區都有一所國立音樂院，一個交響樂團與歌劇院，並培養廣大的愛樂者。當然，按人口比例音樂院和樂團都有三級，最上者是國立區域音樂院（CNR），再次者為市立音樂學校（EMMA）和初級音樂學校。樂團則分為 A 級（120 人）B 級（45 人）C 級（20 人）。在此一重大計畫之下，在全法國各大區新設或重整、改組歌劇院及交響樂團，這二十幾個音樂團體及設施成為二十世紀下半葉法國音樂文化的重要推手。

　　法國的文化有其傳統，回顧四百年來政府比其他國家更

積極參與文化活動。政府主掌公共服務、教育、衛生、文化與交通等重大政事與投資。在十七世紀的法國國王路易十四起就很重視文化政策及活動，很多文化機構如歌劇院、法蘭西學院、博物館亦在當時成立。1683 年成立第一個常設性樂團。另外，在交響樂團方面，因爲中央集權之故，在十九世紀三位指揮家 Padeloup、Colonne 與 Lamoureux 分別在巴黎成立交響樂團，此三團以成立者姓名命名，是業餘樂團。以下章節將就法國樂團的發展與形式作詳細的探討。

四、法國樂團巡禮

此次參訪行程重點爲考察法國各種組織形式之交響樂團，因此法國在台協會爲個人安排不同形制的樂團，以深入瞭解法國樂團運作方式。參訪的樂團中，有協會形式的國立里耳交響樂團、巴黎交響樂團；有屬於市府管理的國立里昂交響樂團；也有跨市聯合經營的國立羅亞爾省交響樂團，及公共文化合作機構，盧昂-上諾曼地歌劇院。茲就參訪的樂團作以下詳述：

1. 國立里耳交響樂團

國立里耳交響樂團成立於 1976 年，以協會形式成立組織，目前有團員 99 名，行政與技術人員 23 名。每年經費約1200 萬歐元，其中中央政府撥款 300 萬，大區政府 800 萬。在樂團運作方面，根據協會形式的私法，要由四個行政組織：聯盟公會代表、企業委員會、職工代表與政府勞工委員會來監督樂團的運作，並於每月召開一次會議。

里耳市位處法國北部，數世紀以來就是工業重鎮，以產

煤及紡織、造船爲主，但是近年來這些產業不景氣。該市乃振興文化、觀光以提升地方產業，積極發展樂團，把一支從舊的廣播電台樂團改組，在名指揮家也是團長的 Casadesus 先生領導下，塑造爲成功的典範。

里耳交響樂團一年的演出約 110 場（2002/03）其中 53 場在里耳市，37 場在北方及加萊兩省，5 場在巴黎，5 場在法國其他地區，9 場爲海外演奏。目前樂團團址及音樂廳爲「新世紀」廳，爲市有財產，但由該團經營管理，且可每年優先使用 180 天。

里耳交響樂團的財務狀況，經費 20% 靠樂團自己籌措，其中 3% 是民間贊助，餘爲售票所得；另外 80% 是政府經費。贊助模式主要爲購買設備，廣告，購大宗票券；其人事支出約佔經費 80%，而音樂會支出爲經費的 20%。當人事費調高時，政府撥款會增加，但也相對地要求增加演出場次。

2.國立里昂交響樂團

國立里昂交響樂團，名稱雖是國立，實際營運的是里昂市政府，它的經費約 1200 萬歐元，其中市政府經費 53%、大區政府 3%、中央 15%，其餘 29% 自籌。目前團內有音樂家及職工 143 人。每年演出 110 場，所在的大音樂會廳（Aiditorium）爲里昂市政府於 1993 年撥交給樂團經營、管理的財產，這種作法是全法國唯一的。

里昂交響樂團的組織採音樂總監與行政總監雙軌制，前者負責規劃音樂會、邀請音樂家；後者總管一切行政業務。

爲推廣音樂，交響樂團的音樂會除在大廳外，並在大區內演出相同曲目，也重視青少年及兒童教育音樂會，如周三

下午之親子音樂會，或到學校演出，每年 8-10 場，並先行辦理教師研習。里昂交響樂團另有附屬青少年交響樂團，招收由 11-17 歲青少年所組成，在每年 11 月到次年 2 月間由交響樂團團員指導。

該樂團在每年 11 月及 4、5 月間的假期都會辦理音樂營，並辦音樂會。增加與社區與青年朋友互動的機會。

里昂交響樂團的前身是里昂大音樂協會（La Societé des Grands Concerts de Lyon）成立於 1905 年，曾有多位著名的指揮家領導：Cluytens, Munch, Ansermet 及 Monteux。1969 年，為了響應藍道夫斯基成立區域音樂中心的政策，擴編為 102 位演奏家的大樂團，並更名為 Rhône-Alpes 省愛樂交響樂團，自此開始，樂團由里昂市政府提撥經費及管理。1975 年市政興建擁有 2100 座位的大音樂廳，並再易名為國立里昂交響樂團。

3.國立羅亞爾省交響樂團

此一交響樂團的組織，屬於聯合經營，在世界上少見，在法國只有此團和國立洛林省交響樂團是這樣的運作形式。事實上該團是由位於同一大區政府轄下的 Loire-Atique 省的南特市和 Maine et Loire 省的昂熱市聯合經營。在行政方面，南特辦公室主管藝術及票務、贊助，且行政總監在此辦公，人事共計 8 人。昂熱辦公室主管人事、會計、公關、秘書，計 18 人。兩地則各擁有 50 位音樂家的二管編制樂團，平常各自在兩地練習，如有大編制樂曲再互相支援或聯合演奏。相較於其他大型樂團，此一樂團的作法更為機動，以兩個中型編制的樂團更適於到大區之內的多種不同場地演出。兩團

也在兩地各演出一場，但節目單分開印，以建立市民之歸屬感。

在音樂的推廣和市場開拓方面，羅亞爾省交響樂團有極突出的表現，它是全法國申請套票最多，每年有 9000 人次購買套票（南特 6000 人，昂熱 3000 人）也是歐洲地區突出的，每人平均購買 8 場，此一數字，標誌著票房佳績，一年中之音樂會平均售票率在九成左右。

由於不是大都會區，聽眾「行家」比例較低，所以該團演奏之曲目，以觀眾之需求為優先，較少現代音樂，但仍有駐團作曲家，每年演出他們的作品一首。

樂團之經費 80%來自各級政府、中央、大區、兩市，約 800 萬歐元政府之支出，主要是人事經費，其他民間的贊助用來作音樂演出所需，收支可平衡。

團員方面分屬兩地管理，分屬兩地管理，因在大區內音樂會多，所以原則上一周排練，另一周舉行 4-5 場音樂會。以法國的行政劃分而言，此種聯合經營模式，似乎特別適合中、小型城市。

4.盧昂 —— 上諾曼地歌劇院

此歌劇院有兩個重要的特色，它是一個以文化合作公共機構組織法成立的樂團，另外它也兼具歌劇院與交響樂團之功能。

法國在第二次世界大戰之後成立許多樂團，其中有約一半是公立樂團，由市府管理經營，但樂團之經費又往往和公務人員格格不入，另外，又和政治難以脫鉤，樂團易淪為政治鬥爭的工具，如果各級政府為不同政黨的人執政，也會影

響經費的撥付。

盧昂 ── 上諾曼地歌劇院在 90 年代時，由於虧損嚴重，每年 25 場演出計三萬多觀眾，當時預算 700 萬歐元，90%來自政府，但擁有 300 餘名職工和音樂家、歌者、舞者，市政府決定大力整頓：縮小編制，將多餘的人員遣散或調到其他文化機構，如博物館，並請 Lanlois 先生主持重整。

1997 年起建立一協會，合作夥伴不只盧昂市，還有鄰近的省份 Seim-Maritine 和 Eure 同屬大區的行政單位一同合作。編制只有 39 人的莫札特式樂團，如此大大節省開支，經費 80%來自各級政府，市府出 40%，大區政府出 25%，中央出 10%，省政府出 5%。省政府出的經費大多是以「購買」音樂會的方式為主，並為小鎮出經費，邀請樂團前出演出。雖然面臨不同黨派的各級政府在經費上時有短少，但樂團在吸引觀眾方面十分成功，票房亦日趨好轉。到了 2004 年，新市長（右派）上任之後，認為劇院每年如此龐大的經費由協會來管理十分不合理，所以要求在轉型為新立法的「文化合作公共機構」形式。

此一機構的法源是法國在 2002 年一月通過的新法，這一機構為法人資格，由上諾曼地大區盧昂市政府、省政府及大區議會聯合管理。和協會由私法管理不同，文化合作機構由公法管理，他有董事會，由大區政府、市政府各五人，中央政府三人，以上三級政府又選出一般人民代表各一人，職工代表兩人（一代表樂團，一代表行政），任命歌劇院主任需三分之二董事同意，任期五年。

盧昂 ── 上諾曼地歌劇院目前有音樂家 35 人，技術人員

15 人，行政人員 24 人，如演出大編制樂團再邀請臨時的音樂家參與。每年約演出 120 場音樂會，五齣歌劇，音樂會形式的歌劇 2 場，除此之外，他們還和當地的合唱團合作時常演出宗教性的聲樂作品。

在票房方面，樂團的套票觀眾有 6500 人，平均每人購買四場，也透過各種管道和不同階層、團體的合作，吸引不同的聽眾群欣賞音樂會，在這方面也算十分成功。在樂團的體質上來說，公共文化合作機構的形成似乎運行順利，也許會是法國諸多樂團的試金石。

五、結　語

此次赴法國研習，參訪了幾個職業交響樂團，對樂團的組織和運作有更深一層的瞭解，目前國內的職業樂團：台北市立交響樂團、高雄市立交響樂團、國立台灣交響樂團是純粹的公立樂團，如同法國的市立交響樂團；國家交響樂團將轉型為新設立的「行政法人」形式；長榮交響樂團為唯一的私人企業樂團。

近年來，政府鑑於交響樂團預算龐大，有意使它們都轉為「行政法人」制，但以法國的例子來看，似乎「文化合作公共機構」較適合國內樂團。原因是文化還是應以國家主導，並予以相當的財源支持，如採協會制，尤其是美式的協會制，在國內募款及贊助的條件不佳，勢必難以為繼。另外，如經費仍多數來自政府，由協會組織來管理也易生弊端。在法國羅亞爾省交響樂團運作的「跨市聯合經營」模式，其實很有創意，也許適用於台灣大都會以外的地區或中小型城市，但

囿於地方政府財政劃分及收支的限制，可行性似乎也不高。最後，也是最新的「文化合作公共機構」，兼具公立樂團的「公共性」與協會形式的「靈活性」。類似目前國內鼓吹的「行政法人」，但盱衡國內的文化與經濟生態，財政自負比例高的「行政法人」其實有不小的以隱憂，連法國這般的文化大國藝術欣賞人口如此之眾的國家，平均每個樂團的贊助金額都不到全年預算的 4%，遑論我國。

　　如果前述四個公立樂團都改為偏向美國協會形式的「法人制」樂團，勢必互爭資源而生窘境。也許法國新施行的「文化合作公共機構」新制，最值得我們借鏡。

六、參考文獻

專　刊

1. L'Orchestre dans les ville, Association Française des Orchestres, Angers/Mars 2004.

專　書

1. L'Enseignement de la musique en France, Ganvert, L'Harmattan, Paris, 2003.
2. L'Enseignement musical en France, de 529-1972, Lescat, Fuzeau, Courlay, 2001.
3. Livre blanc des actions des educatives des orchestras, macian et Fanjas, Association Française des Orchestres, Paris, 2003.
4. Guide de métiers de la musique, cite de la musique, Paris, 2003.

期　刊

1. Letter d'information, Ministere de la cultureet de la communication, dec. 1998.

2. Journal Officiel de la République Française, Sep. 2002.

其　他

1. Statuts de l'association ,Orchestre de Paris.

2. Modele de statuts D'un Etaslissement public de Cooperation Culturelle.

3. Statuts de l'etablissement public de cooperation culturelle.

參考書目

一、期　刊

Band Journal

Brass Bulletin

The Instrumentalist

Winds

音樂時代

省交樂訊

樂覽

二、專　書

中文：

克內普勒：19 世紀音樂史　王昭仁譯　北京人民音樂出版社 2002

音樂之友社：作曲家別名曲解說 —— 莫札特 I 林勝宜譯　臺北　美樂出版社　2000

格勞特、帕利斯卡合著：西方音樂史　汪啓章等譯　北京 人民音樂出版社　1996

維多爾：現代樂器學　北京　人民音樂出版社　2004

布洛姆：莫札特書信集　錢仁康編譯　上海　上海音樂學院出版社　2003

外文：

Baines, Anthony. Brass Instruments, Their History and Development, New York: Dover, 1980.

Battisti, Frank. The Winds of Change, Galeville: Meredith Music, 2002.

Battisti, Frank. The Twentieth Century American Wind Band/Ensemble, Galeville: Meredith Music, 1995.

Bierley, Paul E. Jean-Philip Sousa, American Phenomenon, Miami: Warner Brother Publication, 2001.

Cipolla, Frank J., & Hunsberger, Donald. The Wind Band It's Repertoire, New York: Rochester University Press, 1994.

Cipolla, Frank J., Raoul F. Camus. The Great American Band, New York: The New York Historical Society, 1982.

Dufourcq, Norbert. Pitite Histoire de la Musique, Paris: Larousse, 1960.

Fennell, Frederick, etc. Conductors Anthology, Northfield: The Instrumentalist Publishing , 1989.

Fennell, Frederick. Time and the Winds, Kennosha: G. Leblanc Corporation.

Grout, Donald Jay. & Palisca, Claude V. A History of Wstern music, 4th ed. New York: Norton, 1988.

Hansen, Richard. The American Wind Band-A Cultural History, Chicago: GIA, 2005.

Herbert, Trevor. The Cambridge Companion to Brass Instruments, Cambridge: Cambridge University Press,

2002.

Smith, Erik. <u>Mozart Serenades, Divertimenti and Dances,</u> London: BBC, 1982.

Smith, Norman. <u>March Music Notes,</u> Lake Charles, 1986.

Stolba, Marie. <u>The Development of Western Music,</u> Dubuque:Wm. C. Brown, 1990.

Whitwell, David. <u>A Concise History of The Wind Band,</u> St. Louis: Shattinger, 1985.

Fennell, Frederick. <u>Basic Band Repertory,</u> 日文版　秋山紀夫 譯　東京　佼成出版社 1985

田中久仁明等：<u>吹奏楽 188 基礎知識</u>　東京　音樂之友出版社 1997

吹奏樂雜學委員會：<u>おもしろ吹奏楽雜學事典</u>　東京 YAMAHA 音樂媒體事業部 2006

赤松文治等：<u>吹奏楽講座 7－吹奏楽の編成と歴史</u>　東京　音 樂之友社　昭和 58 年

秋山紀夫：<u>Band Music Index 525</u>　東京　佼成出版社　1988

秋山紀夫：<u>March Music 218</u>　東京　佼成出版社　1985

磯田健一郎、古園麻子：<u>MUSIC－芬奈爾自述</u>　東京　音樂之 友出版社　2002

磯田健一郎：<u>吹奏楽名曲・名演</u>　東京　立風書房　1999

磯田健一郎等：<u>吹奏楽實用知識</u>　東京　音樂之友出版社 1996

三、工具書

Arnold, Denis. ed. <u>The New Oxford Companion to Music,</u>

Oxford: Oxford University Press, 1983.

Fedorov, Vladimir. ed. Terminorum Musicae Index Septem Linguis Redactus, Budapest: Akademia Kiado, 1980.

Hindley, Geoffrey. ed. The Larousse Encyclopedia of Music, London: Hamlyn Publishing, 1971.

Honegger, Marc. ed. Dictionnaire de la Musique, Paris: Bordas, 1976.

Honegger, Marc. ed. Histoire de la Musique, Paris: Bordas, 1982.

Randel, Don Michael. The New Harvard Dictionary of Music, Cambridge: The Belknap Press of Harvard University Press, 1996.

Sadie, Stanley. ed. The New Grove Dictionary of Music and Musicians, London: Macmillan Publishers Limited, 1980.

Sadie, Stanley. ed. The New Grove Dictionary of Musical Instruments, London: Macmillan Publishers Limited, 1984.

音樂之友社：標準音樂辭典 林勝宜譯 臺北美樂出版社 1999